人邮智华
PUHUA BOOK

我
们
一
起
解
决
问
题

抖音▷

起号运营变现

实战一本通

郝 欣　韩钟华 ——— 著

人民邮电出版社

北　京

图书在版编目（CIP）数据

抖音起号运营变现实战一本通 / 郝欣，韩钟华著 .
北京 ： 人民邮电出版社，2024. -- ISBN 978-7-115
-64847-1

Ⅰ．F713.365.2

中国国家版本馆 CIP 数据核字第 2024M19Y90 号

内 容 提 要

抖音是当下热门的短视频平台之一，聚集了庞大的用户群体。越来越多的内容创作者、品牌方、商家等选择入驻抖音。那么，如何才能在用户规模庞大的抖音上站稳脚跟？创作短视频有什么技巧？如何有效地开展粉丝运营？如何选择合适的方式完成变现呢？本书将为读者提供答案。

本书分为 10 章，系统地阐述了抖音及其用户的特点、确定账号定位与运营方向的方法、内容创作方法及注意事项、聚拢流量的思路及方法、粉丝运营、数据思维、账号矩阵、IP 打造、蓝 V 账号、变现方法等内容。书中介绍的内容可以帮助内容创作者、品牌方、商家等掌握抖音内容创作及账号运营的实用方法，快速有效地完成变现。

本书适合所有想要入驻抖音和已经在抖音上运营账号的人员阅读，也可以作为 MCN 机构从业者等人员的参考读物。

◆ 著 郝 欣 韩钟华
　　责任编辑 陈 宏
　　责任印制 彭志环

◆ 人民邮电出版社出版发行　　北京市丰台区成寿寺路11号
　　邮编 100164　　电子邮件 315@ptpress.com.cn
　　网址 https://www.ptpress.com.cn
　　北京七彩京通数码快印有限公司印刷

◆ 开本：700×1000　1/16
　　印张：13.5　　　　　　　2024年8月第1版
　　字数：200千字　　　　　　2025 年 11 月北京第 4 次印刷

定 价：59.80元

读者服务热线：（010）81055656　印装质量热线：（010）81055316
反盗版热线：（010）81055315

抖音是目前十分热门的短视频平台之一，发展势头非常强劲。在用户方面，抖音用户基数庞大，日活跃用户数量惊人，用户黏性强，使用时长不断增长。在内容方面，抖音已从娱乐领域延伸至生活的方方面面，满足了用户多样化的内容需求。在技术方面，抖音持续创新，优化算法，个性化推荐的效果极佳，显著提升了用户体验。在商业化方面，抖音积极打造良好的商业环境，吸引众多品牌方、商家、达人入驻，形成了十分活跃的内容和商业生态。在全球范围内，抖音的影响力也在不断扩大，成为文化交流的重要窗口。

总之，抖音以其独特的魅力和创新能力，在短视频领域独领风骚。随着技术的持续进步和市场需求的不断增加，抖音有望继续保持强劲的发展势头，引领短视频行业的新潮流。

抖音上巨大的流量和高度活跃的用户群体，为内容创作者、品牌方、商家提供了广阔的市场空间。不管是内容创作者还是品牌方或商家，都有可以通过制作、发布短视频快速获得大量用户的认可和关注。抖音拥有强大的社交属性，可以帮助品牌方和商家与目标用户建立紧密的联系。抖音上丰富的营销工具和精准的数据驱动营销可以有效地提升品牌和产品推广效果。此外，抖音致力于打造健康的商业环境，强力保障用户、内容创作者及品牌方、商家的权益，这进一步增强了其吸引力。

许多内容创作者、品牌方、商家看到抖音的巨大潜力后纷纷入驻，但不少人在初入抖音时感到很迷茫，因为他们缺乏相关的知识和技能。他们可能只是简单地发布自己制作的短视频，却不清楚如何优化内容，如何更有效地吸引用户，如何利用抖音的特性和推荐算法提高内容的曝光量。这导致他们发布的内容虽然很有趣或对某些用户有一定的价值，但难以被更多的用户发现。此外，他们可能也不知道如何与粉丝互动，如何培养一批铁杆粉丝。因此，对想要在抖音上取得成功的内容创作者、品牌方、商家来说，学习并掌握抖音运营知识和技能是很有必要的。

对想要在抖音上崭露头角的内容创作者、品牌方、商家来说，本书可以作为一本详尽的"导航手册"。书中深入剖析了抖音的算法逻辑、用户喜好及内容消费趋势，介绍了大量的内容创作方法、技巧及账号运营要点、注意事项，这些内容可以帮助初学者快速上手，制作出高质量、吸引人的短视频，并打造出拥有稳定粉丝基础的抖音账号。

此外，本书还分享了很多实战案例，读者可以从他人的成功或失败经验中获得启发，少走弯路。我们衷心希望本书能够成为大家在抖音上创作内容、运营账号时的得力助手，帮助大家实现自己的梦想。

请马上打开这本书，开启属于你的抖音之旅吧！

目录

第 1 章

观察平台：
做与抖音目标相符的事情

　　对创作者来说，抖音提供了一个展示才华和创意的舞台。创作者可以通过短视频展示自己的技能、知识和生活经验，并与其他用户交流互动。同时，抖音也为创作者提供了多种变现方式，如广告分成、直播打赏、电商带货等，使他们能够获得一定的经济回报。创作者要想在抖音上持续发展，就要关注抖音的发展趋势，做与抖音目标相符的事情。

1.1　现实价值：抖音已经成为品牌方和商家的必争之地

抖音作为一个短视频平台，已经成为品牌方和商家的必争之地，主要原因如图 1-1 所示。

高效的传播渠道

庞大的用户基数

商业变现的可能性

精准的用户定位

不断创新的功能

多样化的内容

图 1-1　抖音成为必争之地的原因

1. 庞大的用户基数

目前，抖音是全球领先的短视频社交平台，在国内拥有超过 10 亿的注册用户，为企业、品牌方及个人创作者提供了广阔的市场和大量的商业机会。

（1）月活跃用户数。根据不同来源的数据，抖音的月活跃用户数已经超过 7 亿。

（2）日活跃用户数。抖音的日活跃用户数也非常高，每天都有大量的人在使用抖音。

（3）用户使用时长。用户在抖音上花费的时间也是一个重要的指标。根据不同来源的数据，用户在抖音上花费的时间超过在其他平台上花费的时间，有些用户每天的抖音使用时长超过 2 小时。

（4）用户年龄和地域分布。抖音的用户主要是年轻人，年龄集中在 18~35 岁。根据 QuestMobile、艾瑞咨询等机构发布的研究报告，抖音的用户规模持续增长，在国内短视频市场中占据领先地位。抖音的用户遍布全球各地，在印度、东南亚地区和拉美地区增长迅速。

抖音在全球各大应用商店的下载量可以反映其用户基数的庞大。在苹果公司的 App Store 等应用商店中，抖音（包括其国际版 TikTok）的下载量一直名列前茅。这些数据体现了抖音在全球范围内的巨大影响力和受欢迎程度。

2. 精准的用户定位

抖音的用户群体主要是年轻人，他们具备一定的消费能力和较高的活跃度。通过抖音，创作者和品牌方可以更精准地定位目标用户，实现精准营销。

抖音主要通过以下几个方面实现精准的用户定位。

（1）内容定位。抖音账号的定位要清晰，内容要有垂直度和深度。创作者只有专注于一个细分领域，才能更好地吸引和满足目标用户的需求。例如，宠物类、歌舞类、模仿类等短视频都能吸引特定的用户群体。

（2）标签和关键词。抖音会根据账号的内容和特点，为其打上相应的标签。用户在搜索关键词或浏览内容时，平台会根据其兴趣和需求推荐被打上相应标签的内容。

（3）用户行为分析。抖音会记录用户的浏览、点赞、评论等行为，并通过分析这些数据，了解用户的兴趣和偏好。基于这些信息，抖音可以为用户推荐更符合其喜好的内容。

（4）社交关系。抖音不仅根据用户的内容偏好推荐内容，还会考虑用户关注的账号、点赞记录、互动好友等。这些社交关系有助于抖音更精准地判断用户的兴趣和需求，为其推荐更合适的内容。

（5）地理位置。抖音会根据用户所在地区的特点和流行趋势，为其推荐合适的内容，这对本地化推广和服务非常有价值。

（6）设备识别。抖音会根据用户的设备信息（如操作系统、屏幕分辨率等）识别用户的设备及使用习惯，为其推荐更合适的内容。

（7）用户画像。抖音通过对用户的基本信息、兴趣爱好、消费习惯等进行综合分析，可以构建完整的用户画像。基于用户画像，抖音可以更精准地推送内容，满足用户的个性化需求。

3. 多样化的内容

抖音上的内容以短视频为主，题材和形式非常多样化，包括音乐、舞蹈、美食、旅行、时尚等，可以满足各类用户的需求。

抖音上常见的内容类型如表 1-1 所示。

表 1-1　抖音上常见的内容类型

内容类型	说明
搞笑类	搞笑类内容的具体形式有趣味故事、搞笑剧情、模仿等。这类内容能够迅速吸引用户的注意力，让用户开怀大笑
音乐舞蹈类	音乐和舞蹈是抖音上非常受欢迎的内容类型。用户可以发布自己的音乐和舞蹈作品，或者翻唱热门歌曲。这类内容通常具有节奏感强、动感十足等特点
创意挑战类	抖音上有很多创意挑战和主题活动，如"跳舞挑战""变装挑战""模仿挑战"等。这类内容能够激发用户的创造力，促进用户之间的互动和交流
生活分享类	生活分享类内容的具体形式有日常生活、旅行经历、美食制作等。这类内容往往能够引发用户的共鸣，增强用户的忠诚度和黏性
知识技能类	知识技能类内容的具体形式有教学视频、技巧分享、科普知识等。这类内容能够满足用户的学习需求，提高用户的认知水平
时尚美妆类	时尚美妆类内容一直是抖音上非常热门的内容类型。用户可以发布自己的穿搭、化妆技巧并推荐产品，这类内容能够影响用户的消费习惯

（续表）

内容类型	说明
正能量类	正能量类内容的具体形式有励志故事、感人瞬间、公益活动等。这类内容能够让用户产生积极向上的情绪，增强用户的幸福感

除了表 1-1 列出的内容类型，抖音上还有许多其他类型的内容，如手工艺品制作、健身运动等。多样化的内容不仅满足了不同用户的需求，也促进了用户之间的交流互动。

4. 高效的传播渠道

抖音拥有强大的推荐算法，能够根据用户的兴趣和行为精准地推荐相关内容，这让抖音成了一个高效的传播渠道。

（1）算法推荐。抖音的推荐算法是其核心竞争力之一。通过分析用户的行为和兴趣，抖音能够将内容精准地推送给目标用户，从而提升内容的曝光量和传播效果。

（2）社交属性。抖音具有较强的社交属性，用户可以进行点赞、评论、分享等社交互动，这有助于内容在用户之间传播和扩散。抖音也鼓励用户关注账号、添加好友，这可以提升用户的黏性和参与度。

（3）短视频。短视频是抖音上的主要内容形式，其特点是简洁、直观、易于传播。用户可以通过短视频快速获取信息，也可以通过短视频展示自己的创意和才华。

（4）话题和挑战。话题和挑战是非常重要的推广功能。企业或品牌方可以通过发起话题或挑战迅速提升内容的曝光率和传播效果。话题和挑战也可以促进用户之间的交流互动，增强用户黏性。

（5）直播。直播功能可以让用户与粉丝实时互动，增强用户的参与感和黏性。同时，直播也是一种非常有效的推广手段。

（6）广告投放。抖音提供了广告投放服务，品牌方和商家可以通过广告投放将含有广告的内容推送给广泛的用户群体。广告投放方案可以根据需求和预算进行定制。

（7）跨界合作。抖音积极地开展跨界合作，如与演艺界人士、达人、品牌方等进行合作，以提升内容的品质和影响力，吸引更多的用户。

5. 商业变现的可能性

抖音允许企业和个人在平台上进行广告投放、产品推广、品牌宣传等。抖音提供了多种商业变现的可能性，以下是一些主要的变现方式。

（1）广告合作。品牌方可以与抖音用户进行广告合作，通过在短视频中植入广告或推广品牌，实现品牌曝光。这种合作方式可以给抖音用户带来一定的广告收入，同时也能增强其知名度和影响力。

（2）电商变现。抖音提供电商功能，抖音用户可以在短视频中展示商品，或者开设自己的店铺销售商品，进而获得销售收益。

（3）直播打赏。抖音用户可以通过直播与其他用户互动，吸引粉丝关注和打赏。粉丝可以通过打赏来表达对主播的喜爱和支持，主播可以获得相应的打赏收入。

（4）知识付费。拥有专业知识和技能的用户可以通过提供付费咨询服务、课程等方式，以知识付费的方式完成变现。

（5）线下引流。抖音用户可以通过线下引流的方式完成商业变现，例如，将线上流量引导到线下实体店，或者通过线上推广带动线下消费。

（6）付费会员。拥有大量粉丝和固定受众的抖音用户可以推出付费会员服务，为付费会员提供专属内容或服务。

6. 不断创新的功能

抖音不断推出新功能，如直播、电商、话题、挑战等。这些新功能不仅可以提升用户的参与度和黏性，还可以为企业和个人带来更多的商业机会和收益。

1.2　竞争格局：深入了解抖音的发展目标

抖音是全球非常受欢迎的短视频平台，在短视频行业中占据着重要地位。抖音以其强大的推荐算法和社交属性吸引了大量的用户，用户可以轻松地分享和观看短视频，并在平台上与其他用户进行各种互动。

抖音的用户规模不断扩大，不仅在国内市场取得了巨大的成功，在全球范围内也获得了广大用户群体的认可。抖音用户活跃度高，使用时长较长，给平台带来了巨大的商业价值。

抖音不断推出新功能，持续优化用户体验，以保持其在短视频行业中的领先地位。例如，抖音推出了直播功能，为用户提供了更丰富的互动体验；抖音推出了各种营销和推广工具，帮助品牌方和商家在平台上更高效地开展营销和推广工作。

抖音的发展目标主要包括图 1-2 所示的几个方面。

内容垂直化，扩大用户规模　　推进商业化，提供本地生活服务

创新商业模式，扶持中小企业和传统企业　　社交功能升级

技术研发与创新　　国际化拓展

图 1-2　抖音的发展目标

1. 内容垂直化，扩大用户规模

抖音用户规模不断扩大，用户需求日趋多样化，因此内容垂直化成了

抖音必然的发展趋势，抖音要为不同领域、有不同兴趣的用户提供更加精准和个性化的内容和服务。例如，抖音可能会针对音乐、美食、时尚、旅游等领域推出更加专业化的内容频道，以满足用户的需求，这有助于增强用户黏性，延长其使用时长。

抖音在全球拥有几十亿的注册用户，但仍在寻求用户规模的增长。抖音不仅希望未来在国内市场保持领先地位，还希望在全球范围内拓展用户群体。

2. 推进商业化，提供本地生活服务

抖音蕴含着巨大的商业机会。抖音希望通过拓展商业功能，为品牌方、商家及个人创作者提供更多的变现途径。例如，抖音会继续推出新的商业化产品和服务，帮助品牌方和商家在平台上做营销和推广。同时，抖音也会加强与各类品牌的合作，推动直播电商、广告投放等业务的增长。

随着抖音用户规模的扩大和用户需求的多样化，抖音开始布局本地生活服务，如打车、外卖、社区团购等。抖音希望通过提供本地化服务，满足用户在日常生活中的需求，提升用户的黏性和活跃度。

3. 创新商业模式，扶持中小企业和传统企业

随着用户规模的扩大及商业化进程的加速，抖音可能会进一步创新其商业模式，探索更多的变现途径。例如，抖音可能会推出更多基于短视频的电商业务及广告投放、付费内容等商业模式，提升平台的商业价值和盈利能力。此外，抖音还会加强与各类品牌的合作，推出更多品牌营销活动和定制内容，以吸引更多的品牌和广告主。

抖音十分关注中小企业和传统企业的发展，不断推出新的营销和推广工具，帮助这些企业提升品牌知名度和销售规模。

4. 社交功能升级

抖音虽然是一个短视频平台，但社交功能是其核心功能之一。未来，抖音会不断升级社交功能，推出互动性更强的功能，如虚拟现实、增强现实等，为用户提供更加个性化的社交体验。通过加强用户之间的互动和社交，抖音可以进一步提升用户黏性和活跃度，这可以促进内容传播、扩大品牌影响力。

5. 技术研发与创新

抖音作为一家技术驱动型企业，未来会继续加大在技术研发和创新方面的投入。例如，抖音会进一步优化其推荐算法，提高内容推荐的准确性；抖音可能会探索更多的前沿技术，如人工智能等，以提升平台的智能化水平和用户体验。

6. 国际化拓展

目前，抖音已经成功进军海外市场，而且仍有很大的发展空间。未来，抖音可能会进一步加大在国际市场的投入，扩大其用户规模和市场份额。抖音可能会针对不同地区的用户推出本地化的内容和营销策略，以更好地满足当地用户的需求。抖音也会加强与海外品牌的合作，吸引国际品牌在平台上进行营销和推广。

当然，抖音也面临一些风险和挑战，如内容质量参差不齐、用户隐私和数据安全问题有待进一步解决、与其他短视频平台及社交媒体平台的竞争加剧等。因此，抖音需要不断优化产品功能、加强内容监管、提升用户体验，以保持其竞争优势。

1.3　基本策略：顺势而为才能实现互利共赢

顺势而为是指顺应时代发展、市场变化、科技进步等大趋势，注意观察和把握各个方面的微妙变化，了解用户的需求和期望，做出合理的反应和决策。要想做到顺势而为，就要具备敏锐的洞察力和灵活的应变能力。

具体来说，在抖音上，顺势而为主要是指创作者要发布贴合当前热点的内容或平台重点推荐的内容，或者主动地引领潮流。其实这个道理很简单，如果创作者总是发布冷门主题的内容或平台并不鼓励的内容，就很难获得推荐，自然难以获得更多的流量和关注。

顺势而为策略的要点如图1-3所示。

图 1-3 顺势而为策略的要点

1. 热点话题

在抖音上，热点话题和流行趋势总是在不断变化。创作者要保持对当前热门话题的关注，并尝试将这些话题融入内容。这可以让用户更容易刷到相关短视频，并产生共鸣。

2. 创新内容

创新内容的方式有很多种，包括尝试不同的拍摄方式、剪辑技巧和特效等。只有不断创新内容，才能吸引更多的用户，并把他们变成忠实粉丝。

当然，抖音本身在不断地发展和变化，每隔一段时间就会上线新功能。例如，抖音上线挑战功能后，用户可以参与各种挑战活动，这成了许多用户获得关注和点赞的一种有效方式。因此，创作者也要关注抖音平台本身的更新和变化，根据新功能创新内容。

3. 互动交流

除了持续地发布高质量的内容，创作者还要与粉丝进行互动交流，包括回复评论、点赞和转发粉丝发布的内容等。创作者频繁地与粉丝互动交流，可以增强他们对账号的信任感和忠诚度。

4. 合作推广

与其他账号或品牌方合作是一种有效的推广方式。合作推广有助于扩大账号的影响力，吸引更多的用户关注账号。同时，合作推广也可以带来商业机会，从而实现互利共赢的目标。

1.4　用户画像：哪些人群爱刷抖音

用户画像就是根据用户的社会属性、生活习惯和消费行为等信息抽象出来的标签化的用户模型。构建用户画像的核心工作就是给用户贴标签，而这些标签是通过对用户信息进行分析而得到的高度精练的特征标志。简单来说，构建用户画像就是将用户信息标签化。

下面根据抖音官方发布的部分数据，从图 1-4 所示的四个方面对抖音用户画像进行分析。

用户性别分析	用户年龄分析
用户地域分析	用户兴趣分析

图 1-4　抖音用户画像分析

1. 用户性别分析

抖音用户的性别比例比较合理，男性与女性用户的占比相当。这一特点为创作者满足不同性别用户的需求创造了巨大的空间。男性用户可能更倾向于观看科技、体育、搞笑类视频，女性用户则可能更喜欢时尚、美妆、美食类视频。

2. 用户年龄分析

在用户年龄方面，抖音展现出了显著的年轻化特质。相关统计数据显示，18~35 岁的年轻群体是抖音用户的主力军。具体来说，18~24 岁的用户占比最高，为 35%；紧随其后的是 25~30 岁的用户，占比为 27%；31~35 岁的用户占比为 16%。这充分显示了抖音在年轻群体中受到了广泛认可。

值得注意的是，抖音仍在努力扩大其用户群体，希望覆盖更多年龄段的用户。

3. 用户地域分析

在用户地域分布方面，一线城市及部分经济发达的二线城市是抖音用户的聚集地。具体来说，北京、上海、广州等城市的抖音用户分别占用户总数的 7.9%、6.7%、6.3%。江苏、浙江、河南等地区的抖音用户也有相当高的活跃度。

4. 用户兴趣分析

在内容消费方面，抖音用户的兴趣呈现出多样化的特点。抖音上的内容非常丰富，从美食到旅游，从音乐到时尚，从母婴到萌宠，涵盖了众多的细分领域，这为不同类型的用户提供了多样化的选择。

相关统计数据显示，音乐和舞蹈类内容是抖音用户的最爱，对相关内容感兴趣的用户占用户总数的近三成。美食、旅游、萌宠和时尚类内容也受到大量抖音用户的喜爱。

通过对抖音用户画像的详细分析，我们可以得出以下结论：抖音用户具有年轻化、多样化、社交化和娱乐化的特点，他们偏爱新颖有趣、品质优良和创新性强的内容。

1.5　算法特征：抖音推荐算法的基本逻辑

抖音的巨大成功背后是强大的推荐算法。推荐算法不仅决定了用户看到的内容，还深刻影响着内容的传播。

抖音推荐算法的基本逻辑如图 1-5 所示。

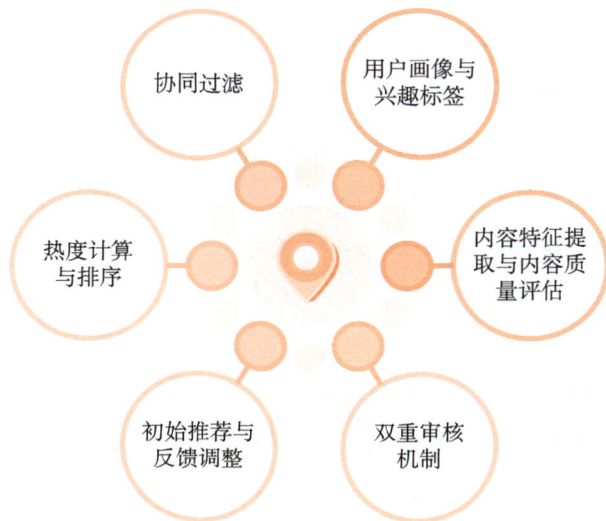

图 1-5　抖音推荐算法的基本逻辑

1. 用户画像与兴趣标签

抖音的推荐算法会基于用户的个人信息、历史观看记录、互动行为等多个维度的数据，构建详细的用户画像。用户画像可以反映用户的兴趣、偏好、观看习惯等，是推荐算法进行个性化推荐的基础。

当新内容被上传到抖音上时，推荐算法会根据内容特征将其与用户的兴趣标签进行匹配，计算出用户对该内容的兴趣度。如果用户对该内容的兴趣度较高，该内容就会被推送给用户。这种个性化的推荐方式可以确保用户看到的内容都是他们感兴趣的，从而提升用户的满意度和黏性。

2. 内容特征提取与内容质量评估

对于抖音上的每一条短视频，推荐算法都会进行内容特征的提取。这些特征包括但不限于短视频的主题、分类、画质、音效、字幕等。通过这些特征，算法能够更准确地理解短视频的内容，从而将短视频推荐给可能对其感兴趣的用户。

推荐算法会对内容质量进行评估，即从多个维度对内容进行打分，如内容的原创性、观赏性、互动性、话题性等。这些维度可以反映用户对内容的喜好和需求。只有高质量的内容才能获得更高的评分和更多的曝光机会。这种内容质量评估方式可以确保用户看到的内容都是优质的，从而提升用户的体验和满意度。

3. 双重审核机制

在推荐之前，抖音还会通过机器审核和人工审核的双重审核机制来筛选内容。机器审核主要是利用人工智能模型识别视频画面和关键词，过滤违规或低质量的内容；人工审核主要是对机器审核发现的疑似违规内容或难以判断的内容进行细致审核，确保推荐的内容符合平台规范和社会主流价值观。

4. 初始推荐与反馈调整

通过审核的短视频会被推荐给一小部分用户，这部分用户是通过匹配视频特征与用户兴趣标签筛选出来的。推荐算法会根据这部分用户的反馈（如观看时长、点赞、评论、分享等）判断视频的质量和用户的喜好程度。如果反馈较好，推荐算法会逐渐扩大推荐范围，将短视频推荐给更多的用户；如果反馈较差，推荐算法就会减少推荐甚至停止推荐。

抖音的推荐算法具有实时性和动态性，实时性体现在算法可以实时地处理和分析用户的行为数据，及时地更新推荐结果。这意味着用户的行为可以立即影响到他们接下来看到的内容，使推荐更加精准和及时。动态性则体现在算法可以根据用户的反馈和行为变化动态地调整推荐策略。例如，当用户对某一类内容感到厌倦时，其行为会发生一定的变化，算法可以据此减少这类内容的推荐量，增加其他内容的推荐量，以保持用户的兴趣和活跃度。

5. 热度计算与排序

推荐算法会根据一系列数据计算短视频的热度，这些数据包括播放量、点赞量、评论量、转发量等。热度高的短视频在推荐列表中的排名靠前，可以获得更多的曝光机会。

另外，算法会根据用户的实时反馈动态调整短视频的热度，确保推荐的准确性和时效性。

6. 协同过滤

除了基于用户画像和内容特征的个性化推荐，抖音的推荐算法还采用了协同过滤技术。这种技术通过分析用户之间的相似性和短视频之间的关联性，将相似的用户或短视频聚集在一起，从而实现更精准的推荐。例如，如果用户 A 和用户 B 都喜欢观看搞笑类视频，那么当用户 A 观看了一条新的搞笑类视频时，推荐算法很可能会将这条视频推荐给用户 B。

抖音的协同过滤有两种方式：一种是基于用户的协同过滤，即找到与目标用户兴趣相似的其他用户，将他们喜欢的内容推荐给目标用户；另一种是基于内容的协同过滤，即找到与目标内容相似的其他内容，将它们推荐给喜欢目标内容的用户。这两种方式都可以帮助用户发现更多他们可能感兴趣的内容。

此外，值得一提的是，抖音的推荐算法还会考虑社交因素，它会根据用户的社交关系和行为，向用户推送与其社交圈相关的内容。例如，当用户的好友发布了新视频时，算法可能会将这条视频优先推送给该用户。

【案例】 2023年多份数据报告反映的抖音发展新趋势

经过多年的发展，短视频已经成为人们日常生活的一部分。作为短视频平台中的领先者，抖音在2023年继续保持强劲的发展势头，不仅用户数量持续增长，用户活跃度和黏性也不断提升。

下面基于2023年的多份数据报告，从图1-6所示的四个方面深入分析抖音发展新趋势。

图 1-6　抖音发展新趋势

1. 用户增长与用户活跃度

（1）用户规模持续扩大

2023年，抖音用户规模持续扩大。《中国内容电商行业蓝皮书》显示，2023年抖音月活跃用户数超过了7亿。这一数据相较于往年有了显著的增长，这表明抖音在用户吸引和留存方面取得了显著成效。抖音的很大一部分用户是年轻人，他们热衷于通过抖音获取信息、分享生活点滴。

（2）用户活跃度不断提升

在用户规模增长的同时，抖音用户的活跃度也表现非常出色。QuestMobile 的统计数据显示，抖音用户的日均使用时长已经达到 125 分钟以上，呈现出不断增长的趋势。这表明抖音用户的黏性越来越强。除了观看短视频，用户还会积极参与抖音上的社交互动，如点赞、评论和转发等。这种互动不仅增强了用户之间的联系，还为创作者提供了反馈和鼓励。

（3）用户分布更加广泛

在全球范围内，抖音的影响力不断扩大。根据第三方市场数据机构 App Annie 的统计，抖音已经在全球超过 150 个国家和地区上线，其下载量在多个国家和地区的应用商店中登顶，这表明抖音已经成为全球范围内非常受欢迎的短视频平台。

在国内，随着抖音不断地向三、四线城市下沉，中老年用户和男性用户比例也在逐步上升，这表明抖音的用户群体正变得越来越广泛。

更重要的是，越来越多的用户开始在抖音上发布短视频，成为创作者。这一趋势表明抖音上的创作氛围越来越浓厚，吸引了更多用户成为创作者。

2. 内容消费习惯

（1）短视频持续火爆

短视频仍然是抖音上最主要的内容形式。短视频播放量呈现出不断增长的趋势，这表明用户对短视频内容的消费需求非常旺盛。

（2）内容需求日趋多样化和个性化

随着用户规模的不断扩大和消费需求的不断升级，用户对内容的需求也呈现出多样化和个性化的发展趋势。各垂直领域的创作者及账号在抖音上获得了更多的关注。例如，美食、旅游、时尚、科技等领域的很多创作者及账号都取得了不错的成绩，这表明用户对不同领域的内容都有一定的兴趣，这为创作者提供了更多的机会和空间。

（3）直播受到追捧

除了短视频内容，直播内容在抖音上也受到了广泛的欢迎。2023年抖音直播交易额较上一年增长5.7倍，呈现出快速增长的趋势，这表明直播交易已经成为抖音上另一种重要的内容消费形式。

3. 商业化进程

（1）电商业务快速增长

随着用户购物需求的不断增长和电商市场规模的不断扩大，抖音也在积极布局电商业务。抖音电商2023年发布的数据显示，2023年交易总额同比增长277%，呈现出快速增长的趋势。越来越多的品牌方和商家入驻抖音，通过短视频和直播等形式进行商品推广和销售，这表明抖音电商业务已经成为电商市场中一股不可忽视的力量。

服饰、美妆、家居等品类在抖音电商中表现突出。随着抖音小店的推出和不断完善，越来越多的商家开始在抖音上开店卖货。这些商家通过短视频和直播带货，吸引了大量粉丝下单。直播带货不仅能实时展示产品特点和使用效果，提高用户的购买决策效率，还为商家提供了新的销售渠道。众多品牌方和商家与知名主播或达人合作进行直播带货，很多都取得了不俗的销售业绩。

（2）广告业务蓬勃发展

抖音的广告业务呈现出蓬勃发展的势头。越来越多的广告主选择在抖音上投放广告，借助抖音的流量和影响力提升品牌知名度和销售额，抖音广告业务潜力巨大。

与传统广告相比，抖音广告具有更高的精准度和更强的互动性，能够更好地吸引用户。随着抖音算法的不断优化，广告主可以更加精准地投放广告，提升广告效果和转化率。同时，抖音也在积极探索新的广告形式和投放方式，以满足广告主的不同需求。

抖音生活服务发布的《2023 年数据报告》提到，抖音生活服务的合作门店数量超过 100 万家，这表明商家对抖音生活服务的认可度较高，认为抖音是极具潜力和价值的平台。

4. 技术创新与应用

（1）推荐算法不断优化

抖音一直致力于优化推荐算法，提高内容分发的精准度和效率。通过运用人工智能、大数据等技术手段，抖音能够根据用户的兴趣、行为和偏好等进行个性化推荐，从而让用户更加便捷地找到自己感兴趣的内容。这不仅提升了用户体验，也为创作者提供了更多的机会。

（2）新技术应用不断深化

抖音积极探索新技术的应用。例如，虚拟现实、增强现实等新技术已经被应用在抖音上。通过运用这些新技术，抖音能够为用户带来沉浸式的体验，从而提升用户黏性和忠诚度。同时，这也为创作者提供了更多的创作灵感和内容表现形式。

第 2 章

明确定位：
找准方向，做容易且正确的事情

在抖音上，明确定位对创作者而言至关重要，这不仅关系到内容创作方向，还直接影响账号能否吸引目标受众并获得成功。创作者不仅要通过定位明确地告诉用户这个账号是做什么的，还要通过定位传达账号的独特性和价值，让用户有充分的理由关注账号并与之持续互动。

2.1　基本规律：爆款内容与马太效应

在抖音上，要想创作出爆款内容，往往需要考虑多个方面的因素。首先，一个鲜明的人设可以帮助用户迅速了解账号的定位，从而吸引目标用户。其次，内容的独特性是脱颖而出的关键，例如，在充斥着正面评价的美妆领域，反向打假的内容由于其稀缺性更容易被记住。最后，有价值的内容能够增强账号的权威性，而融入娱乐和情感元素的内容能提升用户的观看体验并引起共鸣。

抖音爆款内容通常具有图 2-1 所示的特点。

图 2-1　抖音爆款内容具有的特点

（1）创意独特

在抖音上，创意是吸引用户的关键。无论是独特的拍摄角度、有趣的故事情节还是意想不到的结局，都有助于短视频从众多内容中脱颖而出。例如，抖音账号"李子柒"以独特的视角和创意制作了一系列古风美食视频，凭借独特的创意和精美的制作，获得了几千万粉丝的关注。

（2）内容有价值

很多抖音用户不仅希望通过刷短视频娱乐放松一下，还希望从中获得一些有价值的信息或经验。例如，某位演员在抖音上分享了一系列关于健康饮食和锻炼的教程，这些很有价值的内容帮助她吸引了大量的粉丝；抖音账号"英语学习角"分享了一系列英语学习教程和技巧，吸引了大量的英语学习者。

（3）制作精良

视频的清晰度、剪辑的流畅度和音效等都会影响用户的观看体验，制作精良的短视频往往能给用户留下深刻印象。例如，抖音账号"旅行日志"分享了一系列高质量的旅行风光短视频，这些视频凭借高清晰度和流畅的剪辑成了热门视频；抖音账号"音乐 MV"分享了大量的音乐视频，凭借出色的剪辑技术吸引了大量的粉丝。

（4）符合流行趋势

抖音上的流行趋势变化很快，紧跟这些趋势创作内容，可以提高视频的热度。当某个话题或挑战活动在抖音上流行时，创作者及相关品牌方应及时参与并创作相关内容，这可能会引来大量的关注和互动。

（5）与用户互动

经常与用户互动是提高用户参与度和忠诚度的关键。回复评论、点赞或发起挑战等方式，都可以增强与用户的互动。例如，抖音账号"萌宠日记"经常与粉丝互动、回复评论、发起挑战活动，因此获得了大量的忠实粉丝。

（6）引发情感共鸣

能够引发用户情感共鸣的视频往往更具有感染力。例如，有一段关于四世同堂的短视频，因其情感真挚而获得了大量的点赞和分享；抖音账号"回忆录"以回忆过去的时光为主题创作了很多短视频，引发了用户的情感共鸣，也获得了大量的关注。

上面介绍了抖音上的爆款内容的一些特点及相关的成功案例。当然，每一位创作者都有自己的特长，应该根据具体情况制定内容策略。

马太效应是指强者越来越强的现象，这种现象在抖音的流量推送机制中体现得尤为明显。抖音会持续地把能够带来流量的内容推送给用户，让这些内容获得更多的流量，而那些流量较少的内容，如果不做任何干预，其流量通常会越来越少。

在抖音上，马太效应主要体现在以下几个方面。

（1）播放完成率

如果一条短视频的播放完成率高，就说明用户对其内容感兴趣，愿意看完，这条短视频就容易获得更多的推荐。相反，如果一条短视频的播放完成率很低，就说明用户对其内容不感兴趣，不愿意看完，这条视频就很难获得更多的推荐。

（2）点赞量和点赞率

点赞量和点赞率是衡量短视频受欢迎程度的重要指标。如果一条短视频的点赞量和点赞率都很高，就说明用户喜欢这条视频，这条视频就容易获得更多的推荐。

（3）评论量和评论率

评论量和评论率也是衡量短视频受欢迎程度的重要指标。如果一条短视频的评论量和评论率都很高，就说明用户愿意参与互动，表达自己的看法和意见，这条短视频就容易获得更多的推荐。

（4）转发量和转发率

转发量和转发率是衡量短视频影响力和传播力的指标。如果一条短视频的转发量和转发率都很高，就说明用户愿意将这条短视频分享给更多的人，这条短视频就容易获得更多的推荐。

（5）转粉量和转粉率

转粉量和转粉率是衡量短视频吸引新粉丝能力的指标。如果某个账号的短视频转粉量和转粉率都很高，就说明该账号具备持续吸引粉丝的能力。

以上因素都会被纳入抖音的推荐算法，进而影响短视频的推荐量和曝光度。

要想获得马太效应带来的好处，创作者可以从以下几个方面入手。

（1）优化内容质量

创作者可以从创意、取材、制作技术、情感共鸣等方面入手优化内容质量，吸引更多的用户，引导他们做出点赞、评论、分享等互动行为，从而提高短视频的热度。

（2）积极与用户互动

抖音的推荐算法会根据用户的行为和兴趣推送相关内容，因此，积极回复用户评论、为用户发布的短视频点赞、发起挑战等做法不仅可以提升用户的参与度和忠诚度，还可以增加视频的曝光量。

（3）持续学习和创新

创作者只有持续学习并掌握抖音的最新动态和趋势，不断创新和进步，才能保持自己的专业度及在相应领域的影响力。

（4）合作与推广

创作者可以与其他领域的创作者或品牌方合作，借助他们的影响力提高自己账号的曝光量；还可以利用抖音的推广工具（如 DOU+ 投放等）提升内容的曝光量和互动性。

（5）增强社交媒体互动性

创作者可以通过社交媒体平台（如微博、微信等）与粉丝互动，将这些平台的粉丝引入抖音，提升抖音账号的热度。

需要注意的是，马太效应既有积极的作用，也有消极的作用。按照抖音的流量推送机制，如果一条短视频既没有播放量也没有点赞和评论，那么这种情况可能会持续下去，并对账号产生负面影响。这时，一些创作者可能会使用一些推广工具或手段让自己的短视频上热门、增加互动、引起关注，获得点赞和评论，从而形成马太效应。但长此以往，创作者就会依赖这些推广工具或手段，其创作能力可能会逐渐下降。

因此，创作者要平衡马太效应的积极作用和消极作用，既要利用其积极作用扩大自己的影响力，又要避免其消极作用侵蚀自己的创作能力。从创作的角度来说，创作多样化的内容是一个很好的办法。同时，抖音也要考虑如何更好地平衡创作者的权利和利益，避免因过度强化马太效应而给广大创作者带来负面影响。从推荐算法和流量分配的角度来说，抖音应该不断优化算法和推荐机制，更加公平合理地分配流量，让更多有潜力的创作者有机会脱颖而出。

2.2 内容偏好：容易火起来的是什么人、什么内容

在抖音上，各种各样的人都有可能火起来。一般来说，图 2-2 所示的几类人在抖音上更容易获得关注。

图 2-2 在抖音上容易火起来的人

（1）有才华的创作者

这些人通常具有创造力或技术能力，能够创作出独特、有吸引力的内

容，如音乐、舞蹈、表演、美妆、穿搭等，让用户获得独特的体验。

（2）名人

这些人通常已经在其他平台或领域具有一定的知名度和粉丝基础，在抖音上发布作品、与粉丝互动主要是为了进一步扩大自己的影响力。

（3）颜值高、身材好的人

这些人通常能够吸引大量的粉丝，因为爱美之心人皆有之。他们主要通过展示自己的外貌和才艺来吸引粉丝。

（4）有趣的人

这些人具有幽默感、搞笑天赋或特殊技能，能够让用户感到快乐和惊奇。他们创作的内容通常比较轻松、搞笑，能让用户觉得有趣。

（5）特色商家

一些商家通过在抖音上发布独特的广告和推广内容，吸引了大量的粉丝。这些商家往往具有创新精神，能够将产品或服务与内容充分结合，创作出有趣、有用的内容。

抖音上受欢迎的视频类型是多种多样的，但具体类型可能因用户偏好、热门话题和趋势等因素而有所变化，以下是一些具体类型。

（1）搞笑类视频

搞笑类视频是抖音上非常受欢迎的视频类型，包括幽默短片、模仿表演、搞笑剧情等，能够让用户发出会心一笑。例如，一位抖音用户演唱多位歌手的经典歌曲，配合夸张的表情和动作，创作出了一系列搞笑视频。这些视频不仅让人捧腹大笑，还引发了用户的共鸣。

（2）才艺类视频

才艺类视频可以展示创作者的才华和技能，如唱歌、跳舞、绘画、摄影等。这类视频能够吸引用户的注意力，并让他们赞叹创作者的才华。例如，一位抖音用户以其出色的舞蹈才华和独特的舞蹈风格而广受欢迎。她发布的短视频吸引了大量粉丝观看和点赞，这让她成了抖音上的知名舞蹈博主。

（3）萌娃萌宠类视频

萌娃萌宠类视频以可爱的萌娃和宠物为主题，通过展示萌娃和宠物的天真无邪和可爱行为来吸引用户。这类视频往往能够引发用户的情感共鸣，并让人感到温馨和幸福。例如，一些抖音用户经常发布自己和宠物猫互动的视频，视频中猫咪的可爱行为和呆萌表情吸引了大量粉丝观看和点赞。这些视频不仅让人感到愉悦和放松，还能让人对宠物产生喜爱之情。

（4）颜值类视频

颜值类视频主要强调外貌和形象，出镜者通常具有高颜值。这类视频往往能让用户产生审美上的愉悦感。例如，一位抖音用户凭借其高颜值和时尚的穿搭风格而广受欢迎。她经常发布自己的穿搭视频和照片，展示她的时尚品味和搭配技巧，这让她成了抖音上的知名时尚博主。

（5）干货类视频

干货类视频通常包括各种实用知识和技能，如烹饪、穿搭、化妆、家居等。这类视频能够满足用户的学习需求，提供实用的生活建议和技巧。例如，一位抖音用户以其精湛的烹饪技巧和创意食谱而广受欢迎。她经常发布自己制作美食的视频和照片，展示其烹饪技巧和创意，这让她成了抖音上的知名美食博主。

（6）正能量类视频

正能量类视频通常以积极向上、励志为主题，通过分享鼓舞人心的故事、励志语录等来激励用户。这类视频能够为用户注入正能量和动力，帮助他们在生活中保持积极的态度。例如，一位抖音用户以其积极向上的生活态度和成功经验而广受欢迎。她经常发布以励志故事为主题的视频，鼓励用户勇敢追求自己的梦想，这让她成了抖音上的知名励志博主。

2.3　寻找蓝海：定方向、定人群、定标签

蓝海是指不存在过度竞争的市场领域，这些领域具有较大的市场需求和潜力，但竞争者相对较少，因此对商家来说是一个机会。不过，蓝海并不是一成不变的。随着市场的变化和竞争的加剧，蓝海也可能会变成红海。因此，商家要不断调整和优化自己的产品和营销策略，以适应市场的变化，更好地满足用户的需求。

在抖音上，面向蓝海创作和发布内容的账号可以吸引更多的目标用户，从而提高自身的知名度和曝光量，进而增加收入。

通常来说，蓝海可以给创作者和商家带来图 2-3 所示的好处。

图 2-3　蓝海可以给创作者和商家带来的好处

（1）发掘新的商业机会

通过面向蓝海创作和发布内容，创作者和商家可以找到新的消费者群体，扩大市场份额。这些消费者群体可能对特定的产品或服务有需求，但难以在市场上找到能够满足他们需求的产品或服务。因此，蓝海可以给运

营者和商家带来新的商业机会。

（2）提高品牌知名度和曝光量

面向蓝海创作和发布内容，可以吸引更多的目标消费者，提高品牌知名度和曝光量。由于这些消费者对特定的产品或服务有需求，因此创作者和商家可以通过满足这些需求来增强他们的品牌忠诚度和黏性。

（3）增加收入和利润

面向蓝海创作和发布内容，可以给创作者和商家带来更多的商业机会，如广告、商品销售、品牌合作等，从而增加收入和利润。

（4）拓展社交媒体影响力

面向蓝海创作和发布内容，可以吸引更多的目标消费者关注和互动，从而拓展社交媒体影响力。这些关注者可以成为创作者和商家的重要资源，带来可观的价值。

如何寻找抖音上的蓝海呢？

要想寻找抖音上的蓝海，就要仔细思考和精准定位。下面详细介绍如何在抖音上定方向、定人群、定标签，找到属于自己的蓝海。

（1）定方向

在抖音上，内容的类型多种多样，包括搞笑、舞蹈、美食、美妆、穿搭、萌宠等。要想让自己的作品从众多内容中脱颖而出，创作者首先要明确内容方向。只有选择自己擅长且感兴趣的领域，才有可能在抖音上打造出有影响力的账号。

确定内容方向需要考虑自己的兴趣和特长。如果创作者对自己所做的事情充满热情，那么在创作内容时就会更加得心应手，更容易吸引用户的关注。创作者具备的特长能让内容更具专业性和独特性。

了解市场趋势和用户需求也是确定内容方向的关键一环。创作者通过观察抖音上的热门话题和用户行为，可以发现当前市场的热点和空白点，从而找到适合自己的内容方向。

内容方向确定后并不是一成不变的，仍然需要持续优化和改进。只有根据市场反馈和用户需求变化不断地调整内容策略，才能保持对市场的敏感度和适应性。

定方向的具体步骤如下。

① 明确目标。明确自己在抖音上的发展目标，如成为某一领域的专家、获得更多的粉丝、销售特定的产品或服务等，这些目标将直接影响内容创作。

② 市场调研。对抖音进行深入的调研，了解当前的热门话题、趋势、用户需求及竞争对手的情况。

③ 选择适合自己的领域和内容类型。根据自己的兴趣、特长和目标，选择适合自己的领域和内容，既可以考虑热门领域，如美妆、穿搭、美食等，也可以考虑相对冷门但有一定需求的领域。同时，要选择自己擅长和感兴趣的内容类型，如视频、图文等。

④ 制定内容策略。制定一套清晰的内容策略，包括将要创作什么类型和题材的内容，如生活、娱乐、教育等。

（2）定人群

在抖音上，用户群体多种多样，既可以按年龄段细分为年轻人、中年人、老年人，也可以按地域、兴趣爱好对用户进行细分。要想在抖音上获得更多的关注，就要明确自己的目标用户，制定相应的内容策略和推广计划。

明确目标用户需要考虑定位和用户画像。定位反映了目标用户的特征和需求，用户画像则提供了目标用户的具体信息和行为特征。对目标用户有了深入了解，就可以更精准地制定内容策略和推广计划。

制定内容策略需要考虑目标用户的兴趣和需求。只有根据目标用户的特点，创作符合其需求和兴趣的内容，才能提高账号的关注度和曝光量。同时，要注意内容的品质和差异性，以吸引用户关注和留存。

制订推广计划需要考虑目标用户的获取方式和转化率。很多账号都会通过抖音广告、社交媒体推广、达人合作等方式提高自身的曝光率和关注度。同时，要注意推广效果的监测和优化。

（3）定标签

标签是帮助用户在搜索时快速找到相关内容和账号的关键词，因此选择合适的标签非常重要。

确定标签的相关要点如下。

① 选择关键词。定标签之前，当然要明确账号定位，包括内容类型、受众人群、风格特点等，这有助于选出与账号、内容紧密相关的关键词，而这些关键词精准地反映了内容主题或用户希望了解的信息。例如，某账号专门做健康饮食方面的内容，那么标签就应该包括"健康饮食""素食主义""烹饪技巧"等关键词。

标签应当简洁明了，避免使用过于复杂或太长的标签。一般来说，建议每个账号使用5~7个标签，不可过度堆砌标签或选择与内容不相关的标签，以免影响用户体验。

例如，某账号专注于时尚穿搭，该账号可以选择与时尚相关的标签，如"时尚穿搭""潮流搭配""服装推荐"等。这些标签能够吸引对时尚感兴趣的用户，并提高账号的曝光量。

② 观察同行，定期更新。观察同类型账号或竞争对手使用的标签可以帮助创作者找到尚未被充分开发的标签或更好的关键词。同时，创作者也可以通过这些标签了解竞争对手的内容主题，从而制定更有针对性的竞争策略。

③ 关注用户体验。使用标签的目的是让用户更容易找到特定的内容。因此，标签应该是易于理解的，并且与内容紧密相关。过于模糊或无关的标签可能会让用户感到困惑，从而减弱他们对内容或账号的兴趣。

④ 使用长尾关键词，避开热词陷阱。长尾关键词通常是比较长的语句或问题，通常更具体、更具有指向性。使用长尾关键词有助于吸引更精准的目标用户。例如，"如何在家制作蛋糕"就是一个长尾关键词，它比"蛋糕制作"更具体，更能吸引特定的目标用户。

热词是指搜索量大但是竞争也很激烈的关键词。如果内容与热词相关但是并不完全吻合，那么最好不要使用这个热词作为标签，因为用户在搜索时可能会被大量的结果淹没。例如，"旅游"是一个热词，如果你的账号只做旅游攻略，那么使用"旅游"作为标签可能并不是最好的选择。这时最好选择更具体、更具有差异性的标签，如"欧洲旅游攻略"。

⑤ 注意观察数据。定期查看账号数据，包括播放量、点赞量、评论量、转发量等。这些数据有助于创作者了解用户对内容的反馈，以及哪些标签更有效。如果发现包含某个标签的视频的播放量比包含其他标签的视频的播放量高很多，就说明这个标签更能吸引目标受众。这时，创作者可以考虑将这个标签放在账号简介中。当然，用户的需求在不断变化，因此标签也要定期调整和优化。

⑥ 确保合规。确保标签不违反任何法律法规或平台规则。例如，不要使用任何带有侮辱性、攻击性的词语作为标签。

2.4　类型差异：个人号与企业号有什么不同

现在的抖音上有许多我们非常熟悉的品牌，同时也有越来越多的中小型企业入驻抖音并注册企业号。与个人号相比，企业号有哪些不同？我们在注册账号的时候应该如何选择呢？

抖音于 2019 年正式推出了企业号注册服务，企业号在抖音中的存在感开始日益增强。对于个人号与企业号的区别，许多人的认知依然停留在比较粗浅的层面上，如申请主体不同、申请流程的复杂程度不同等，并没有考虑到比较基础的定位问题。

我们先看在抖音号中占比更高的个人号，做个人号门槛不高，暂且不提运营是否顺利，单说注册条件，基本上已经放到最低了。虽然有些个人号在发展成熟之后会向其他方向转变，如加入其他团队或分流给次账号等，但创作者一开始还是带着做自媒体的目的而来的。在确定个人号定位之前，有经验的创作者通常会问自己几个问题，具体如图 2-4 所示。

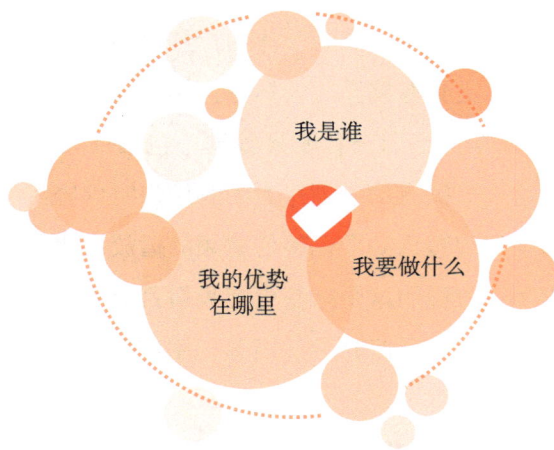

图 2-4　确定个人号定位之前要问自己的几个问题

（1）我是谁

创作者要将自己放在具体的运营场景中，进入自己的角色。有些抖音用户在一开始只是普通用户或某个细分领域的爱好者，但在决定要做个人号之后，他们就要以自媒体人的身份去运营账号，因此视野也要变得更加开阔。

（2）我要做什么

想一想，那些火速成长起来的抖音达人是不是都在走垂直运营的路线？你应该很少看到粉丝量庞大的账号的主页中出现五花八门的内容，即便这些内容在形式上有许多创新，但其主题依然会指向同一个方向。打算做个人号的创作者必须针对这个问题给出自己的答案，因为答案的准确程度通常决定了个人号能否获得持续的发展。

（3）我的优势在哪里

找优势实质上就是分析自己和其他人在定位方面有什么不同，毕竟在个人号数量暴增的时期，千篇一律的内容并不能让用户产生新鲜感，只有保持某种独特性才能吸引更多用户的目光。因此，思考个人优势这一环节也应该放在注册账号之前。

注册个人号的目的往往比较简单。有些人只是单纯地觉得做个人号比较轻松，所以抱着试试看的心态注册个人号；有些人则希望通过做个人号获得更多粉丝的认可，让自己获得成就感；还有一部分人是因为看到很多人享受了短视频行业发展的红利，自己也想通过个人号进行内容创作，进而完成变现。

企业号与个人号最明显的区别就是企业号有账号认证标志。另外，申请企业号所需提交的材料较多、审核时间也较长。企业号运营起来比较复杂，不适合那些没有运营经验的人。确定企业号的定位时需要考虑诸多因素，具体如图 2-5 所示。

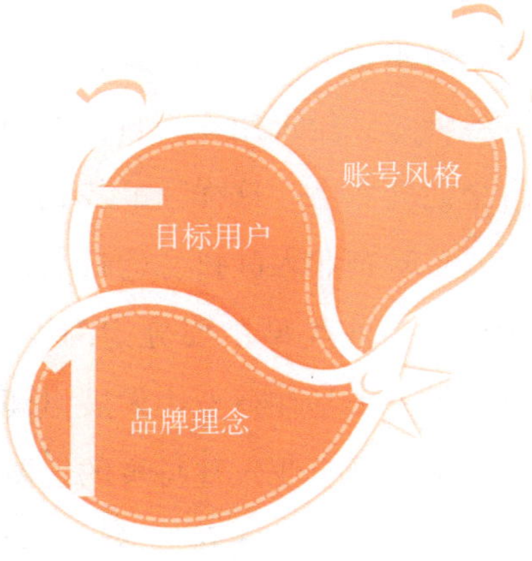

图 2-5　确定企业号的定位时需要考虑的因素

（1）品牌理念

企业号需要向广大用户清晰地传递自己的品牌理念，而品牌理念是影响用户对企业印象的重要因素。企业号的定位要与品牌理念很好地结合起来，这样才能使企业号及企业的形象变得更加立体。

（2）目标用户

企业入驻抖音并不是为了抢占蓝V标志，企业应该重点思考自己面向的用户群体具有哪些特点、是否具备运营价值等问题。原本以线下为主战场的企业转战线上并不是一件容易的事，以中老年人群为主要客户的企业更要好好地思考这个问题。

只有明确了企业号的受众，企业才能了解用户的真正需求，才不会将所有用户都视为服务对象，才能真正地创造价值。

（3）账号风格

企业号绝对不能给用户这样的感觉：与用户距离很远，除了自己向用户提供产品或服务、用户向自己付费外，与用户再无其他关系。就连支付宝、海尔这样的知名品牌，在抖音上也不会保持"高冷"的形象，而是通过各种方式拉近用户与自己的距离。确定企业号的风格时，企业一定要进行全面的考虑，这样才能找到最适合自己的运营路线。

至于企业入驻抖音的目的，我们要从企业类型的角度进行分析。这里所说的企业类型主要分为两类：一类是名气不大、粉丝较少的中小型企业，另一类是在行业中发展时间较长、影响力较大的大型企业。

中小型企业入驻抖音的主要目的是让更多的人认识自己的品牌，并通过各种运营手段获利，增强品牌的竞争力；大型企业入驻抖音的主要目的是进一步扩大业务规模、提高变现效率，此外可能也有更深远的打算，如获得更多的忠实粉丝等。企业入驻抖音的目的如图2-6所示。

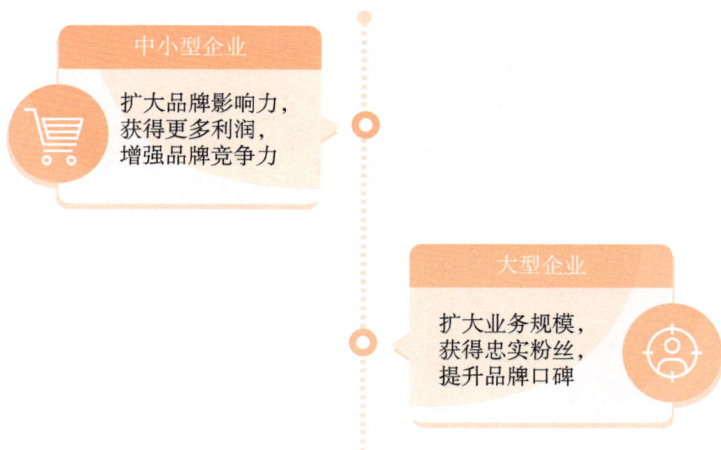

图 2-6　企业入驻抖音的目的

2.5　独家记忆：同质化的内容，差异化的记忆点

现在，创作者面对的直接竞争者、潜在竞争者的数量都在不断增加，有时候自己发布的某条短视频大受欢迎，但其他短视频的热度并不高。眼看着发布的短视频越来越多，却看不到用户的反馈，创作者往往会产生一种无处下手、找不到发力点的感觉。其实，这主要是因为创作者没有赋予内容价值。

价值这个概念应用在实物产品上比较容易理解，如增加产品功能、提升产品外形的精美程度等。不过，如果把价值这个概念放到短视频上，许多人就觉得不太容易理解了。事实上，短视频也是具备价值的，只是很多创作者没有意识到而已。

在设计短视频的内容时，我们要根据短视频的类型和目标用户有针对性地提供价值。短视频包含的价值如图 2-7 所示。

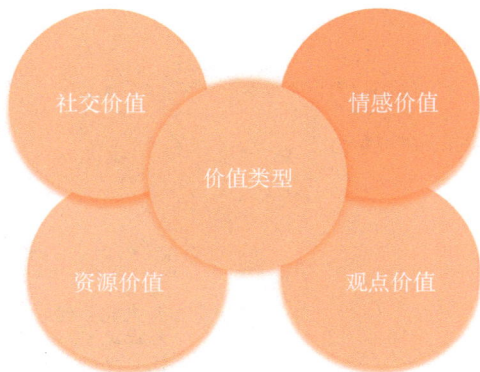

图 2-7　短视频包含的价值

1. 社交价值

具备较强传播性的短视频往往具备较大的社交价值，因为其内容会让用户产生分享的冲动。在某段时期抖音上非常流行母女互换身份、男女互换造型这类题材，有不少用户在观看短视频后会找身边的人尝试这种玩法，这就是社交价值的一种体现。

2. 情感价值

前文曾经提到，爆款短视频容易引发用户的共鸣。为了获得这种效果，创作者必须在内容上多下功夫，不能低估情感价值。在抖音爆款短视频中常见的几类情感如图 2-8 所示。

图 2-8　抖音爆款短视频中常见的几类情感

（1）怀旧

怀旧是比较容易引发人们共鸣的一种情感。营造怀旧情绪时，不宜在内容中加入过多的元素。有时候，越平淡就越有力量，越复杂越难让用户进入怀旧的情绪。

（2）激励

抖音面向的目标用户年龄层次偏低，许多创作者看到了这一点，为短视频内容融入了激励元素。如果画面、音乐等配合得当，短视频就很容易调动用户的情感，使其产生一种被鼓舞的感觉。

（3）焦虑

在这个快节奏的社会中，焦虑是很多人都会产生的情绪。抖音上那些表达焦虑情绪的短视频无疑为这些用户提供了一个释放情绪压力的渠道。用户看到有这么多人碰到了自己遇到的难题，往往能获得某种慰藉。当然，那些一味贩卖焦虑情绪的短视频没有什么价值，也无法获得绝大部分用户的认可。

3. 资源价值

抖音上的教学类、科普类短视频非常多，不同类型的用户都能找到自己比较满意的短视频。例如，年龄稍大的用户更关注生活方面的小技巧，如快速套被套的方法、挑选水果的技巧等。这就是短视频的资源价值，它主要体现为用户可以从短视频的内容中获得什么、掌握了多少新知识或学会了什么新技能。价值的大小主要取决于创作者的水平，某些常识类内容就不具备太大的资源价值，因为大多数用户对此都比较了解。

4. 观点价值

观点价值具有一定的特殊性，创造观点价值的难度也比较高。一个人可以发表各种观点，但能够说出有价值的观点的人却并不多。例如，谈到亲子关系时，很多人只会简单地表达关系好坏，而相关专家却能就这个话题展开深入的分析，让孩子和家长都能从中有所收获。

但是，我们要注意一个问题，价值既有正面的，也有负面的，违背伦理或道德规范的观点是没有正面价值的。

无论创作者是否产生过要为内容注入价值的想法，都要审视一下自己的短视频有哪些价值。上述每一种价值都能发挥作用，但并没有什么高低之分，创作者因为感觉哪类价值的潜力较大而硬将其应用到不匹配的内容上就适得其反了。

【案例】 抖音"沸腾火锅节"为商家助力

在寒冷的冬季，火锅成了很多人外出就餐时的首选。一句"没有什么是一顿火锅解决不了的，如果有，就再来一顿"更是道出了无数人对火锅的喜爱之情。抖音生活服务联合巨量引擎城市研究院发布的《2023 火锅品类数据报告》用丰富的数据证明了火锅在大众心中的地位。

该报告显示，截至 2023 年 11 月 26 日，抖音上与火锅相关的短视频数量已经超过了 4700 万条，总播放量高达 1200 亿次。与火锅相关的直播场次也达到了惊人的 300 万场。随着冬季火锅旺季的来临，火锅的热度持续攀升。11 月 1 日至 26 日，相比 10 月同期，与火锅相关的短视频数量增长了 25%，直播场次增长了 33%，订单量增长了 21%。

为了迎接火锅旺季，抖音生活服务发起了"沸腾火锅节"活动。这场活动不仅让众多火锅品牌在这个冬天率先沸腾起来，还通过一系列创新玩法，让火锅文化在抖音上彻底沸腾起来。截至 2023 年 12 月，抖音话题"＃沸腾火锅节"的投稿数量已经超过 3.6 万，相关短视频的总播放量近 6 亿次。而"＃火锅"这一话题的总播放量更是达到了惊人的 173 亿次。

此次活动不仅吸引了众多火锅商家参与，还与当时热映的古装剧《一念关山》进行跨界联动，邀请王勉等演员共创探店短视频《王勉的沸腾火锅局》。同时，此次活动还联合多个火锅商家制作宣传片《火锅欢乐颂》，借助名人带动、创意内容、热点话题等，打造具有抖音特色的火锅文化。

这些创新玩法有效地提升了火锅在抖音上的热度，再加上抖音对商家的流量、补贴等支持，助力商家实现销量和曝光量双增长。

此次活动共有超过 2 万个火锅商家参加，总计销售火锅相关商品超过 20 万件，累计上线近 4 万个火锅新品，涵盖了川渝火锅、潮汕火锅、海鲜火锅、老北京火锅、港式火锅等细分品类，很好地满足了各类消费者的需求。

在参与活动的火锅品牌中，不少品牌以创新的运营方法、内容策略、货品组合实现了高关注和高转化。其中，后火锅、沙胆彪炭炉牛杂煲、同仁四季椰子鸡、齐祺渔锅、大门凤火锅鸡等优秀的火锅品牌通过短视频、直播、搜索、达人合作等玩法实现了经营突围。这些火锅品牌的成功经验为其他火锅商家提供了有益的参考和借鉴。

其中，后火锅将 20 世纪 80 年代的重庆风貌搬到品牌直播间，打造沉浸式的消费体验；沙胆彪则邀请香港 TVB 演员黄一山做直播，将怀旧与"玩梗"相结合；同仁四季椰子鸡通过与达人合作直播，获得了大量的曝光；齐祺渔锅通过总部统一运营抖音线上门店和完善视觉体系，提升了搜索转化率；大门凤火锅鸡打造深度内容全员共创模式，破解了抖音的"流量密码"。这些火锅品牌的创新玩法不仅提升了自身的品牌影响力和销量，也为整个火锅行业带来了新的活力和机遇。

为了更好地助力火锅商家，抖音顺势推出"抖音生活服务火锅经营解决方案"。在抖音生活服务的多元助力之下，火锅商家有望在营销转化、经营提质、品牌拉新等方面更进一步。

第 3 章

内容创作：
兼顾内容质量与发布频率

在抖音这样的短视频平台上，内容创作是吸引和留住用户的关键。为了确保内容的吸引力和影响力，创作者需要兼顾内容质量的稳定性和发布频率的稳定性。内容质量的稳定性是指创作者需要保持视频内容的高质量，发布频率的稳定性是指创作者要保持一定的更新频率。

然而，兼顾内容质量的稳定性和发布频率的稳定性并不容易。这需要创作者具备扎实的专业技能和高效的工作流程。一方面，创作者需要不断提升自己的拍摄、剪辑和创意能力，确保每条视频都能达到高质量的标准。另一方面，创作者也要形成良好的内容规划和时间管理习惯，确保能够按照预定的频率稳定地输出内容。

3.1　基础设置：账号的昵称、头像、简介等

不少创作者在打造个人账号的过程中，只关注内容定位、方向规划等，对其他方面很不重视。短视频的内容质量的确非常重要，但不要忘记，在这个竞争者数量远多于可获取资源数量的时期，创作者忽略任何一个与账号有关的细节，都有可能导致自己在竞争中落于下风。账号的基础信息就像一个人的穿衣打扮，越有特色，就越容易吸引粉丝。

有人曾经在微博上问过这样一个问题：你觉得一个人的社交账号头像会影响你对这个人的第一印象吗？这个问题引起了广泛的讨论，持肯定态度的回复占较高的比例。试想，如果你由于工作原因需要加某人为好友，而对方的头像是非常黑暗、恐怖的风格，对方在你心里的印象分会不会降低一些？

账号相关内容在某些时候也承担着引导用户的任务。用户可能会同时关注许多账号，或被某条短视频吸引而想要去了解一下背后的创作者，这时账号主页的内容就为用户提供了指引，让用户能在很短的时间内判断出该账号的内容偏好和特色。创作者要精心设置账号相关内容。抖音账号相关内容如图 3-1 所示。

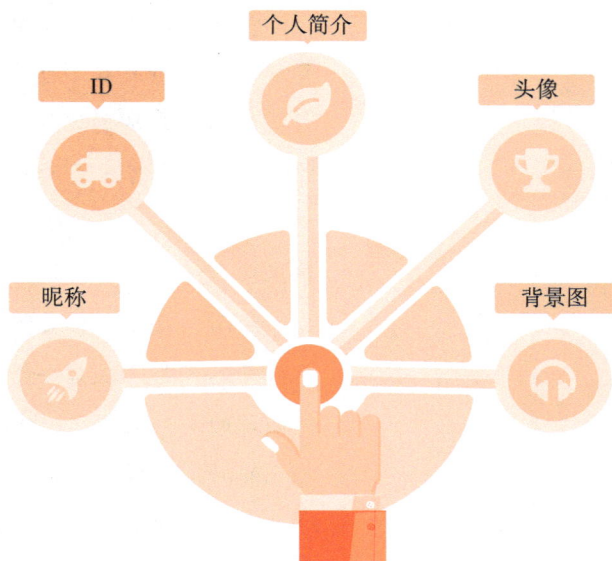

图 3-1　抖音账号相关内容

1. 昵称

昵称就像人的名字，先不说其是否好听，创作者首先要保证昵称好记。抖音的昵称是有字数上限的。总有一些创作者为了让账号看起来更加"高级"，试图在昵称里加入一些生僻字或专业性很强的名词。这些创作者的本意或许只是想让用户认为自己非常专业，但产生的效果却恰恰相反，很多用户看到这种复杂难读的昵称就会果断离开。

刷抖音不像逛超市，用户没有那么多时间耐心地分析一个昵称背后的意义，或者特意去查生僻字的读音。越简单好记的昵称，越容易吸引更多的粉丝。例如，"爱做饭的芋头"就是一个很好的昵称，用户一眼就可以看出这是一个以展示厨艺为主的账号，也能判断出这个账号的主要风格。

虽然也有很多人会将自己的真实姓名作为昵称，但我们并不推荐新人这样做。首先，这样的昵称没有什么特点；其次，这类昵称与抖音的整体环境并不相符。虽说昵称可以修改，但最好还是一次确定下来。昵称要与账号定位保持一致，在保持简洁的基础上适当创新即可（见图 3-2）。例如，"玩骨头的卢老师"这个昵称既便于称呼，也有一定的趣味性，还能让用户能结合其他信息判断出这是一个古生物学科普账号。

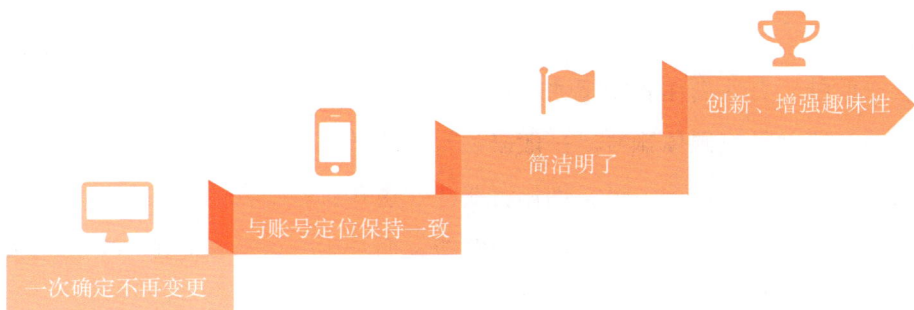

创新、增强趣味性

简洁明了

与账号定位保持一致

一次确定不再变更

图 3-2　设置昵称时的注意事项

2. ID

与昵称不同，ID 在一般情况下是不能自行更改的。虽说很多用户并不是很关注 ID，但 ID 毕竟是搜索账号的渠道之一，创作者不能随随便便设置 ID。

抖音规定 ID 不能使用中文字符，所以大多数创作者都会选择英文与数字相结合的方式来设置 ID。有些创作者将昵称与自己的生日结合起来作为 ID，也有创作者直接将自己的生日作为 ID，这样设置都是没有问题的。不过，创作者还是要保证 ID 比较好记，这样做更有利于引流。

3. 个人简介

用户进入账号主页后，可以在显眼的位置看到个人简介。千万不要低估个人简介的重要性，好的个人简介可以对账号运营产生积极作用。打个比方，我们在某些集体活动里要做自我介绍，如果自我介绍的内容比较平淡，我们就很难被他人记住，能够给他人留下深刻印象的往往是那些有趣易懂的自我介绍。

在设置个人简介时，创作者要考虑账号定位。例如，抖音账号"荒野求生技能"的个人简介是"记录我的日常生活在野外"这样一句简单的话，这个账号从昵称到签名风格都很一致，用户可以迅速了解该账号主推的内容。

此外，有些创作者希望通过抖音为其他平台引流，所以会在个人简介中添加其他社交媒体账号。一般来说，在粉丝量达到一定的水平时，很多创作者都会这样做。不过，创作者要注意遵守抖音平台的规则。

当然，还有一些人不想走常规路线，而是用一些新颖有趣的句子来吸引用户。例如，"papi 酱"的个人简介就是她那句流传甚广的台词："一个集美貌与才华于一身的女子。"现在，像这类创意十足的简介在抖音上越来越常见，这在某种程度上也反映了用户口味的改变。

4. 头像

事实证明，图片往往比文字更具视觉冲击力。许多用户在进入账号主页的第一时间往往会将注意力集中在头像上。企业号的头像一般是品牌标识或某些代表物，个人号在头像方面的发挥空间则大许多，基本上没有什么限制（见图 3-3）。

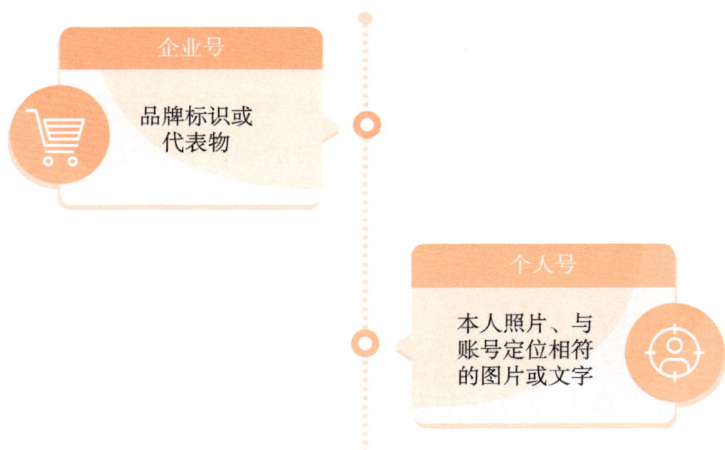

图 3-3　头像的设置

不少"颜值博主"会直接将自己的照片作为头像，某些昵称含有"老师"等关键词的账号大多将博主穿着职业装的照片作为头像。创作者可以自由选择拍摄角度、表情等，不过一定要保证照片的清晰度与亮度。照片不清楚、过于黯淡的话，就很难在吸引粉丝方面发挥作用。

不放个人照片，将其他图片作为头像的账号也有很多。有些创作者会请专业团队设计一些图案，还有人会自己拍摄照片并将其作为头像。例如，很多美食类账号的头像一般是看上去就十分美味的食物，很多宠物类账号则会将宠物的照片作为头像。此外，还有一些人选择走简洁路线，直接将昵称文字作为头像，或者对昵称文字稍加修饰后将其作为头像，这样做也是可以的。

5. 背景图

背景图的面积比头像更大，视觉冲击力也更强，创作者一定要利用好背景图。如果采用纯图片的形式，就要注意构图、色彩等。很多人会在背景图中加一些文字，有的是品牌名称，有的是"我看看是谁又来偷看我"这样的俏皮话。如果采用图片加文字的形式，就要注意手机尺寸与图片规格的问题，避免发生文字被遮挡的情况。

别看这些设置很基础，但它们组合起来却可以发挥很大的作用，给用户留下更加深刻的第一印象。重视细节的创作者往往可以获得更多的机会。

3.2 面向市场：账号气质与内容呈现

在抖音上，账号气质可以体现在内容主题、内容呈现形式、视觉效果、音效设计、语言表达等多个方面。塑造账号气质的要点如图 3-4 所示。

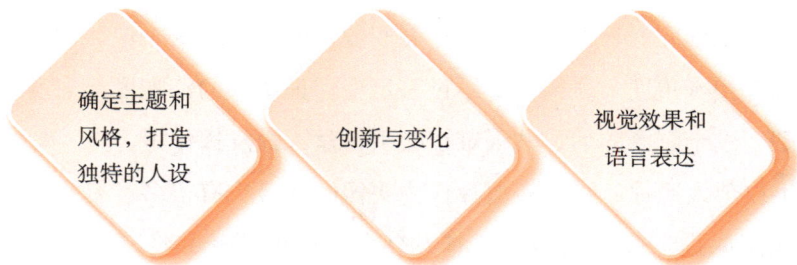

确定主题和风格，打造独特的人设

创新与变化

视觉效果和语言表达

图 3-4 塑造账号气质的要点

（1）确定主题和风格，打造独特的人设

在开始制作内容之前，创作者要确定主题和风格，如搞笑、时尚、生活、知识等。这有助于使内容与账号气质相匹配，持续吸引目标用户。在制作内容时要注意保持一致性，即确保绝大部分作品都符合账号气质，这可以让用户对账号形成前后一致的认知。

一个成功的账号需要一个独特的人设。这意味着创作者需要确定账号所关联的个性特点，如幽默、严肃、随性等，并为出镜者选择与之匹配的形象、服装、发型及化妆风格等。

（2）创新与变化

虽然保持一致性非常重要，但不断创新与变化同样非常重要。随着环境的变化，个人气质和内容需求也会发生变化。因此，创作者要根据实际情况调整内容主题及呈现形式，更好地满足用户的需求。

（3）视觉效果和语言表达

视觉效果是影响账号气质的重要因素之一。创作者通过选择合适的音乐、滤镜、剪辑方式和画面布局等，可以营造出独特的氛围和风格，更好地吸引用户。

语言表达也是影响账号气质的重要因素之一。简洁明了的语言表达可以更好地传达信息和情感，让用户更轻松地理解内容。

账号气质与内容呈现是相辅相成的，一个具有鲜明气质的账号，其内容呈现往往也有独特之处。不同形式和主题的内容各有优劣。一般来说，以下几类内容更容易受到用户的喜爱。

（1）搞笑创意类

搞笑创意类短视频能让用户放松心情、开怀大笑、缓解工作疲惫，因此很多用户对这类内容情有独钟。这类短视频的点赞量、转发量一般都很高。

（2）剧情类

剧情类短视频是抖音上常见的内容类型。这类短视频大多是在真实生活的基础上有所升华，以故事的形式呈现给用户的，主题主要有爱情、亲情、正能量等。这类内容很容易引发一部分人的共鸣，戳中其痛点，所以对用户的吸引力非常强。

（3）解决问题类

抖音上有不少专门介绍技巧或工具的账号，其最大特点就是能够帮助用户解决生活中的常见问题，为用户提供便利。相关创作者要根据目标用户的需求制作直击痛点的内容。

（4）歌舞类

歌舞类短视频在抖音上一直是热门内容。在歌舞领域中出现了一波又一波的潮流，如风靡一时的"拍灰舞""海草舞""手势舞"等，受到了年轻人的欢迎与模仿。

（5）动物类

不同的动物有不同的特点，动物类短视频往往可以有效地吸引用户，有时借助适当的形式也可以用于企业或品牌宣传，放大企业或品牌文化的某些特征，例如，猫可以用于展示时尚感，狗可以用于展示忠诚度等。

3.3　脚本构思：灵感与标准化创作之间的平衡

脚本是对短视频内容的概述及各个方面的要求，包括出镜角色、画面描述、景别选择、机位设定、拍摄手法、效果预设、台词旁白、道具、段落时长等。简而言之，脚本就像拍摄电影时所用的剧本，它能让摄影师知道如何拍摄，让演员知道说哪些台词，让剪辑师知道如何剪辑，从而确保整个制作过程有条不紊。

脚本构思的相关要点如下。

（1）明确目标

① 确定内容类型。明确要制作的内容属于什么类型，如教程、娱乐、日常分享、产品展示等。常见内容类型如图 3-5 所示。

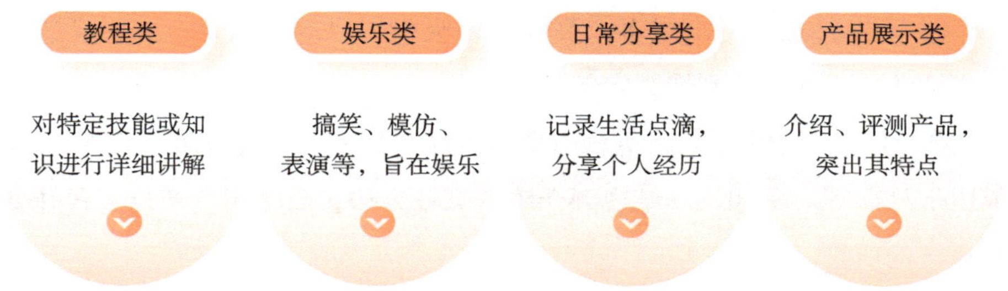

教程类	娱乐类	日常分享类	产品展示类
对特定技能或知识进行详细讲解	搞笑、模仿、表演等，旨在娱乐	记录生活点滴，分享个人经历	介绍、评测产品，突出其特点

图 3-5　常见内容类型

② 确定目标用户。确定目标用户是哪些人，这会影响内容主题和表达方式。例如，年轻妈妈、学生、科技爱好者等群体的需求和偏好显然不同，创作者要针对自己选择的目标用户创作内容，并调整内容主题和表达方式。

（2）内容策划

① 核心信息。确定要传达的核心信息或主题，确保内容简洁明了。例如，如果要教用户如何做一道菜，核心信息就是这道菜的烹饪步骤及要点。

② 故事性。构建一条吸引人的故事线，既可以是真实事件，也可以是虚构故事，将核心信息融入故事，如"一个厨房小白的逆袭：成功做出完美的 ××××"。

③ 趣味性。引入幽默元素或创意点，使视频更具吸引力。

（3）结构安排

① 开场。设计一个引人入胜的开场，形式可以是问题、场景描述或悬念等，如"你是否也想知道如何做出美味的 ××××"就属于问题式，"小王第一次尝试做 ××××，结果会怎样呢"就属于悬念式。

② 发展。逐步展开内容，保持节奏紧凑，避免过于冗长。

③ 高潮：加入一个或多个高潮点，吸引用户的注意力，或者设置一些小插曲或意外，让剧情跌宕起伏。

④ 结尾。提供一个令用户满意的结尾，形式可以是总结、呼吁行动或留下悬念等。例如，总结视频介绍的烹饪方法，鼓励用户亲自实践并分享自己的成果。

（4）技术细节

① 镜头选择。根据内容选择合适的镜头类型和拍摄角度。例如，拍摄烹饪过程时可以使用近景和特写镜头，以展示食材和具体操作。

② 音乐和音效。选择与视频风格相匹配的背景音乐，加入适当的音效，如刀切蔬菜的声音、锅铲翻炒的声音等。

③ 字幕和标注。对于关键步骤或要点，可以添加字幕或标注进行强调，但要确保字幕与画面或声音同步。

（5）创新性

① 结合热点。结合当前热点话题或流行趋势，增强内容的时效性。例如，在春节期间可以制作"教你做一道年味十足的硬菜"之类的短视频。

② 个性化元素。加入个性化元素，让短视频从众多内容中脱颖而出。例如，使用独特的道具或拍摄角度，让短视频富有个人特色。

③ 互动元素。利用互动功能，如挑战、投票等，提高用户的参与度。

（6）后期制作

① 剪辑。确保视频流畅，去掉无关或冗余的部分，突出核心内容。

② 特效和滤镜。根据需要添加转场效果、滤镜或动感文字等，使视频更具视觉冲击力。

③ 调整优化。调整颜色、亮度、对比度等参数，提升视频质量；检查字幕是否有错别字或语法错误，并进行修正。

创作者在构思脚本时应综合考虑以上要点，这有助于创作出更具吸引力和影响力的短视频。

接下来以"制作一道家常菜——番茄炒蛋"为例，介绍如何构思脚本。

（1）明确目标

① 内容类型：教程类。

② 目标用户：烹饪爱好者、家庭主妇、学生等。

（2）内容策划

① 核心信息：教用户如何制作美味的番茄炒蛋。

② 故事性：构建一条简单而温馨的故事线—— 一位新手厨师为心爱的人第一次尝试做番茄炒蛋。

③ 趣味性：通过幽默的旁白、可爱的动画或表情包来增加视频的趣味性。

（3）结构安排

① 开场。

镜头 1：在案板上展示新鲜的食材——番茄和鸡蛋。

旁白："今天，我要教大家做一道简单又美味的家常菜——番茄炒蛋！"

② 发展。

镜头 2：展示打鸡蛋的过程，旁白介绍打鸡蛋的技巧。

镜头 3：展示切番茄的过程，旁白介绍番茄的切法。

镜头 4：热锅、倒油，旁白讲解如何掌握火候。

镜头 5：倒入鸡蛋液，快速翻炒，炒好后盛出备用，旁白介绍翻炒技巧。

镜头 6：炒番茄块，加入炒好的鸡蛋，继续翻炒，旁白介绍调味方法。

③ 高潮。

镜头 7：展示成品，看起来色香味俱全。

旁白："看，这就是我们的成果！是不是很有食欲？"

④ 结尾。

镜头 8：展示享用番茄炒蛋的幸福画面。

旁白："快试试吧，为你的家人或朋友做一道美味的番茄炒蛋吧！"

（4）技术细节

① 镜头选择：使用近景和特写镜头展示食材和烹饪过程，让用户能够清晰地看到每一个步骤。

② 音乐和音效：选择轻松愉快的背景音乐，同时加入炒鸡蛋和翻炒的声音效果，增强用户的代入感。

③ 字幕和标注：在关键步骤添加字幕或标注，如"打鸡蛋时要搅拌均匀""翻炒要快速"等。

（5）创新性

① 结合热点：结合当前流行的低脂饮食趋势，强调番茄炒蛋的营养价值及其对健康的好处。

② 个性化元素：使用独特的道具，如特色餐具、个性化装饰等。

③ 互动元素：鼓励用户在评论区分享自己的烹饪心得或成品照片，

引发互动。

（6）后期制作

① 剪辑：确保视频流畅紧凑，去掉无关紧要或冗余的镜头。

② 特效和滤镜：添加简单的转场效果或滤镜，增强视觉效果。

③ 调整优化：对颜色、亮度、对比度等进行适当调整，确保视频清晰且色彩鲜艳；检查音频与字幕是否同步，并进行必要的修正。

值得强调的是，在构思脚本的过程中，在灵感与标准化创作之间取得平衡是一项挑战，创作者应关注以下要点。

（1）保持创作的灵活性

创作者应保持开放思维，始终保持对新事物的好奇心和探索欲，这有助于激发灵感。另外，创作者要养成随时记录的习惯，一旦灵感闪现，就要立即记录下来，以免遗忘。

创作者不要害怕在创作过程中对原计划进行调整，有时一个突如其来的灵感可能会让作品更加出色。

（2）确定内容的基本框架

在开始创作之前，创作者要明确内容的主题、受众和要传达的信息，并将视频长度、格式、风格等确定下来，这些可以框定创作的大致范围。不管迸发出什么灵感，都要确保作品与自身形象或内容主题相一致。

（3）将灵感与标准化元素结合起来

创作者要把灵感有机地融入标准化的框架，不能生硬地添加；同时要坚持试验与创新，不要害怕尝试新的手法或技巧。当然，在追求新颖和独特的同时要确保作品符合用户的期望。

（4）持续学习与改进

创作者要密切关注用户对作品的反应，据此调整创作策略；还可以分析其他创作者的优秀作品，学习他们的方法和技巧，了解他们如何在灵感与标准化创作之间取得平衡。

3.4　拍摄剪辑：节奏是关键中的关键

在短视频的拍摄与剪辑过程中，节奏感的把握至关重要，它关乎内容的吸引力、用户的情感投入及信息的有效传达。通过掌控节奏，创作者可以营造出紧张刺激、欢快活泼或深沉内敛的氛围，从而吸引用户并引导他们深入体验视频所要传达的主题或情感。

对创作者来说，掌控节奏可以发挥图 3-6 所示的作用。

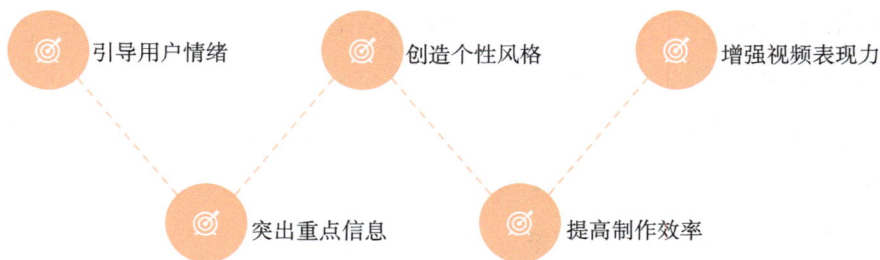

图 3-6　掌控节奏所发挥的作用

（1）引导用户情绪

节奏感是影响用户情绪的重要因素之一。创作者通过控制节奏，可以引导用户的情绪，使他们更容易沉浸在视频所传达的情感中。例如，在剪辑悲伤的场景时，可以放慢速度，使用户有足够的时间感受悲伤的情感；在剪辑紧张刺激的场景时，可以加快速度，营造出紧张的气氛。

（2）突出重点信息

创作者通过控制节奏，可以突出视频中的重点信息，使用户更容易理解视频的主题和要点。例如，在剪辑消息类内容时，可以通过加快速度来突出重点信息，也可以通过放慢速度来强调某些细节。

（3）创造个性风格

节奏感是个性风格的重要组成部分。创作者通过探索和尝试不同的剪辑风格和技巧，可以创造出独特的个性风格。例如，有些创作者喜欢使用快速的剪辑和特效来凸显动感和活力，有些创作者喜欢使用慢动作和细腻的剪辑来营造浪漫和感性的氛围。

（4）提高制作效率

如果能掌握好节奏感，就可以更加高效地完成剪辑工作。在筛选并整理好素材的基础上，只要能够准确把握剪辑点和节奏，就可以提高剪辑效率，缩短制作周期。例如，在剪辑舞蹈视频时，可以利用节奏感快速挑选出合适的镜头和动作，排除无用素材，提高制作效率。

（5）增强视频表现力

节奏感可以增强视频表现力。创作者通过合理的剪辑和节奏控制，可以使视频更具表现力和感染力。例如，在剪辑音乐视频时，如果节奏感与音乐充分契合，音乐的表现力就会大大增强，最终制作出来的视频也会更加吸引人。

创作者要想把控短视频的节奏感，就要重视剪辑，通过不断地实践和创新提高自己的剪辑水平。具体来说，创作者在剪辑环节应该重视以下几个方面。

（1）调整视频播放速度

创作者在剪辑时可以根据音乐节奏的变化，适当调整视频播放速度。例如，在节奏较快的地方，可以加快播放速度，使视频更加紧凑；在节奏较慢的地方，可以放慢播放速度，给用户留出思考和感受的时间。

（2）配合音乐"卡点"

创作者要善于利用音乐中的节奏点，使视频的剪辑点与音乐的节奏点相匹配。这可以增强视频的节奏感，让用户更容易被感染。例如，在音乐的鼓点处加入剪辑点，可以创造出更有力的节奏感。

音乐与画面是相辅相成的，画面与音乐的出色配合可以使视频更有表现力和感染力。在剪辑时可以根据音乐的变化调整画面，使画面与音乐相呼应，让视听效果更震撼。

（3）运用慢动作和快进

创作者在关键部分运用慢动作和快进，可以突出某些细节或强调某些情感。例如，在展示某个重要动作或表情时，可以使用慢动作让用户更清楚地看到细节；在展示快速运动或连续动作时，可以使用快进来加快节奏。

（4）合理运用转场效果

在剪辑中经常会用到转场效果，合理运用转场效果可以增强视频的流畅度和连贯性。例如，创作者可以运用淡入淡出、穿梭、叠加等转场效果，使不同场景之间的切换看起来更加自然。

值得一提的是，动态转场的运用变得越来越普遍，它可以让不同场景之间的转换显得更加流畅自然。例如，在摄像机不动的情况下，让主体的动作连贯；或者在主体不动的情况下，让摄像机的拍摄方向连贯。

（5）注意保持一致性

在剪辑时，创作者要注意保持内容和风格的一致性。这不仅可以增强视频的整体感，还可以让用户更容易理解视频所传达的信息。例如，如果视频的内容是欢快的舞蹈，那么剪辑风格和配乐也要营造欢快的氛围，以保持一致性。

（6）拼接好分段拍摄的镜头

分段拍摄是指将一个相对完整的段落分成几个部分拍摄。在剪辑阶段，需要使用适当的手法将这几个部分拼接在一起。创作者运用这个技巧可以更好地把握视频的节奏和时长，并且可以根据需要突出重点和亮点。但是，在拼接时要注意画面与音乐的匹配度，以保证整体效果。

表 3-1 汇总了抖音上比较流行的短视频剪辑技巧及特效，仅供参考。

表 3-1　抖音短视频剪辑技巧及特效

剪辑技巧及特效	说明
转场	转场可以让场景过渡更加流畅自然。抖音上流行的转场特效包括两极镜头转场、同景别转场、特写转场、声音转场、空镜头转场、封挡镜头转场、相似体转场和地点转场等
快速剪辑	快速剪辑是指通过快速切换画面和镜头，营造出紧张刺激的感觉。要想用好这个技巧，剪辑师就要熟练掌握镜头的选择和组合，并把握好音乐的节奏感
慢动作	慢动作是指将视频播放速度变慢，让用户能够更加清楚地看到细节和动作的变化
跳剪	跳剪是指通过快速切换画面和镜头，创造出跳跃和不连贯的感觉
拼接	拼接是指将多个视频片段拼接在一起，形成一个完整的视频。要想用好这个技巧，剪辑师就要做好镜头组合和画面匹配，以保证整体效果
音效	添加音效是剪辑中非常重要的一环，适当的音效可以让视频更加生动有趣。抖音上有很多流行的音效，包括音乐、声音特效和人声等
字幕	字幕是视频中非常重要的元素之一，一般用来解释视频内容、传达信息。抖音上有很多流行的字幕样式和字体
滤镜	滤镜是抖音上非常流行的特效之一，主要用来调整视频的色彩和风格。抖音上提供了丰富的滤镜供创作者选用

3.5 理解成本：以 ROI 为导向

在抖音运营中，成本控制是一个复杂的话题，涉及多个方面。为了更好地理解成本，我们可以从投资回报率（Return On Investment，ROI）的角度进行分析。ROI 是衡量营销活动效果的一个指标，它可以帮助创作者了解相关投入是否带来了预期的回报

抖音运营涉及的主要成本如图 3-7 所示。

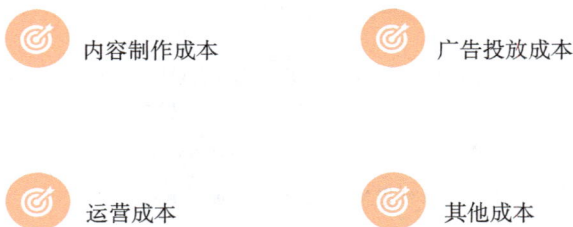

内容制作成本   广告投放成本

运营成本   其他成本

图 3-7　抖音运营涉及的主要成本

1. 内容制作成本

为了制作高质量、有趣、有吸引力的内容，创作者往往需要建立专业的团队或临时雇用摄影师、编导、编辑等。内容制作成本主要取决于内容的制作难度、数量和更新频率。

创作者可以采用以下方法降低内容制作成本。

（1）制订工作计划。提前规划好内容的主题、形式和发布时间，提高内容制作的效率。

（2）优化制作流程。合理安排视频拍摄和剪辑的流程，减少重复和不必要的环节，降低时间和人力成本。

（3）利用免费资源。利用免费资源降低内容制作成本，如免费的音乐、图片等素材。

（4）与专业机构合作。与专业的视频制作机构或个人进行合作，利用他们的资源和经验，降低内容制作成本和风险。

2. 广告投放成本

对很多创作者来说，抖音也是一个变现平台。创作者可以通过投放广告来增加品牌曝光量及相关产品的销量，但这会产生广告费用。广告投放成本主要取决于广告的投放策略、频率、位置和时间。创作者需要衡量广告投放的 ROI，以确保投资是值得的。

创作者可以采用以下方法降低广告投放成本。

（1）精准定位目标受众。精准定位目标受众可以提高广告的点击率和转化率，间接地降低广告投放成本。

（2）制定合理的广告预算。根据需求制定合理的广告预算，避免过度投放或投放不足。

（3）优化广告的内容和形式。不断优化广告的内容和形式可以提高广告的吸引力和转化率，间接地降低广告投放成本。

（4）利用数据分析工具。利用数据分析工具对广告投放数据进行深入分析，了解广告效果和用户行为，进而优化广告投放策略，降低广告投放成本。

3. 运营成本

为了保证抖音账号的正常运营，创作者需要引入专业的运营人员，由他们管理粉丝、回复评论、分析数据等。运营成本主要取决于运营人员的工资、福利和培训费用等。创作者要考虑如何提高账号的互动量和粉丝量，以提升 ROI。

创作者可以采用以下方法降低运营成本。

（1）提高运营团队的工作效率。优化工作流程和分工可以提高运营团队的工作效率，减少人力浪费。

（2）合理分配工作时间。根据工作需求和任务紧急程度合理分配工作时间，避免过度加班和人力浪费。

（3）招聘有经验的运营人员。招聘具备相关技能和经验的员工，降低培训成本。

（4）外包。对于一些非核心的运营工作，可以考虑采用外包的形式，利用外部资源降低运营成本。

4. 其他成本

抖音运营还涉及一些其他成本，如开发费用、场地租赁费用、设备购置和维护费用等。例如，如果创作者需要开发定制化的功能，就要支付相应的开发费用和技术支持费用，这部分成本主要取决于开发难度。

创作者可以采用以下方法降低上述成本。

（1）租赁合适的场地。根据实际需求租赁合适的场地，避免浪费。

（2）购买适当的设备。根据实际需求购买适当的设备，避免设备闲置。

（3）优化设备使用和维护。合理安排设备的使用和维护计划，避免设备损坏，降低设备维修频次。

【案例】 影视解说类账号面对的机会与挑战

影视解说类账号是指主要发布影视解说类视频的账号，这类账号以对电影、电视剧等长视频内容的浓缩解说为主要内容，通过解说来呈现情节、人物关系、背景信息等，帮助用户快速理解影视剧内容。

下面从图3-8所示的三个角度分析影视解说类账号。

定位与风格	内容创作	运营

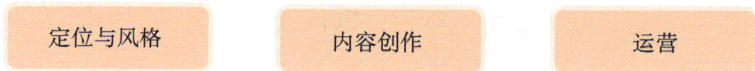

图 3-8　影视解说类账号的三个分析角度

（1）定位与风格

影视解说类账号的定位通常比较明确，主要针对特定类型的影视剧或特定受众群体。例如，有的账号专门解说恐怖片，有的账号专门解说古装剧，还有的账号专门解说经典老片。定位不同，解说风格和内容选择也不同。例如，抖音账号"毒舌电影"的粉丝量超过 6100 万，它以独特的视角和犀利的评论风格深受用户喜爱。

（2）内容创作

在内容创作上，抖音影视解说类账号需要注意以下几点。

① 选材。选择热门的、有话题性的影视剧进行解说能够吸引更多的用户。同时，要根据自己擅长的领域和受众群体的喜好有针对性地选择影视剧。

② 文案撰写。解说文案要简洁明了，能够准确概括影视剧的情节和亮点。同时，要注重文笔和幽默感。

③ 配音与配乐。合适的配音和配乐能够增强影视解说类视频的氛围感。配音要清晰、有磁性，配乐要与影视剧的情感和氛围相匹配。

④ 剪辑与合成。影视解说类视频要做适当的剪辑和合成，将解说文案、配音、配乐和画面有机地结合在一起。

（3）运营

在运营方面，抖音影视解说类账号要注重以下几点。

① 互动与回馈。积极与用户互动，回复评论和私信，关注用户的反馈和建议，以增强粉丝的黏性和忠诚度。

② 定期更新。保持定期更新，可以持续吸引用户，并提高账号的曝光量。

③ 合作与推广。与其他创作者或相关品牌方合作，进行互推或广告合作，可以扩大账号的影响力和受众群体。

④ 优质内容输出。持续输出优质内容是关键，只有提供有价值的信息和独特的观点，才能吸引和留住用户。

⑤ 适应平台变化。抖音在不断变化，创作者要持续关注平台规则和推荐算法的变化，及时调整运营策略。

那么，用户为什么喜欢看影视解说类视频？影视解说类账号具有哪些优势呢？

（1）节省时间

影视解说类视频概述了电影或电视剧的情节，为用户提供了一种了解影视剧内容的高效方式，节省了用户的时间。例如，用户可以在等公交车或排队的时候，通过观看一段几分钟的短视频快速了解一部电影或电视剧的主要内容。

（2）流量大、受众广，内容具备独特性

影视解说类视频可以在多个平台发布，如抖音、快手、西瓜视频、小红书、B站等，这些平台的用户基数较大，影视解说类账号能够获得更多的流量。例如，如果一部新上映的电影在抖音上有很多人关注和讨论，相关的影视解说类视频就更容易被推荐给更多的用户。

另外，每个影视解说类账号都有自己的风格和观点，这使得解说内容具有独特性，能够吸引特定的用户群体。

（3）创作门槛低，传播力强

制作影视解说类视频几乎不需要使用拍摄设备，只要具备对影视剧的理解和表达能力，就可以进行创作。例如，一些电影爱好者通过抖音分享他们对某部电影的解读和评价，从而吸引其他电影爱好者的关注。影视解说类视频往往比影视剧更容易传播，因为它们更简洁、更易于理解，这使得影视解说类账号的影响力很容易扩大。

（4）变现方式多，具备可复制性

一旦在影视解说领域积累了足够的粉丝，就可以采用多种方式变现，如接广告、做推广、开直播等。例如，一些影视解说类账号与电影制片方合作，推广新上映的电影，从而获得一定的收益。

此外，一旦在影视解说的某个细分领域获得成功，就可以复制这种模式，进入其他细分领域。这使影视解说类账号具有较大的成长潜力。例如，一个影视解说账号因为解说某部电影而走红，其后续可能会继续推出更多解说相同或类似题材电影的作品，从而扩大其影响力。

以上这些优势使影视解说类账号在抖音上具有较大的发展潜力，但这类账号也面临一些挑战。

（1）内容同质化

热门影视剧受众广泛，很多影视解说类账号都会选择这些影视剧进行解说，导致内容高度相似。例如，当一部新电影上映时，可能会有大量的影视解说类账号同时发布关于这部电影的解说视频，很多视频的内容都是对电影情节的概述，缺乏独特性和深度。

例如，当《流浪地球 2》上映时，许多影视解说类账号都发布了关于这部电影的解说视频。不过，其中一些视频的内容很相似，主要集中在剧情介绍、特效评价和演员表现等方面，并没有提供独特而深入的见解，因此观看数量并不高。

（2）版权问题

影视解说类账号在解说影视剧时，需要使用影视剧的片段、剧照等素材，这些素材的版权归属情况往往比较复杂。如果创作者没有获得版权方的授权，就擅自使用这些素材，很可能会引发版权纠纷。曾有影视解说类账号因为使用了未授权的影视剧片段而被版权方起诉，这不仅导致该账号需要承担法律责任，还影响了其在抖音上的声誉和形象。

例如，《云南虫谷》是改编自知名小说《鬼吹灯》的网络剧，于2021年8月30日在腾讯视频独播。该剧播出后受到了广大观众的喜爱，但同时也引发了一系列的版权纠纷。一些抖音用户未经授权，在抖音上发布大量关于《云南虫谷》的剪辑和解说视频。腾讯视频认为这些行为侵犯了其著作权，于是将相关方告上了法庭。

（3）竞争压力大

在抖音上搜索"影视解说"，就会发现大量的相关账号，这些账号的解说风格、内容质量等各不相同。越来越多的创作者进入影视解说领域，该领域的竞争变得越来越激烈。创作者只有不断提高自己的解说能力和创作水平，才能让自己的账号从众多同类账号中脱颖而出。

（4）收益不稳定

影视解说类账号的收益主要来自平台的广告分成和粉丝打赏，但并不稳定。一方面，平台的广告分成政策可能会发生变化，导致创作者的收益受到影响；另一方面，粉丝打赏也有很大的不确定性。有影视解说类账号为了增加收益，不得不尝试其他变现方式，如建立付费会员体系、销售周边产品等。

（5）平台政策变化

抖音平台的政策可能会发生变化，这些变化可能会对影视解说类账号产生较大影响。例如，抖音可能会调整推荐算法，使一些影视解说类视频的曝光量下降；抖音可能会限制某些内容的发布，导致创作者无法继续制作和发布相关内容。抖音曾经对一批涉及低俗、暴力等不良内容的账号做了封禁处理，其中也有一些影视解说类账号。

针对以上挑战，影视解说类账号可以尝试以下解决方案。

（1）注重独特性和创新性

为了避免陷入内容同质化的陷阱，影视解说类账号必须注重内容的独特性和创新性。创作者可以选择一些小众但有趣的影视剧进行解说，或者从独特的角度解读热门影视剧，还可以尝试其他内容形式，如专题系列、对比解说、深度解析等。

（2）遵守版权法律法规

影视解说类账号必须重视版权问题。创作者在使用影视剧素材前必须获得版权方的授权。如果无法获得授权，可以使用无版权的素材，或者通过剪辑等方式降低侵权风险。创作者必须遵守抖音的版权规定，避免发布侵权内容。

（3）提高专业素养和解说能力

在竞争激烈的环境中，影视解说类视频的创作者需要不断提高自己的专业素养和解说能力，具体方式包括多看优秀的解说作品、学习专业的培训课程、与同行交流等。

（4）拓展收入渠道

为了稳定收入，影视解说类账号需要建立多元化的收入渠道。除了平台的广告分成和粉丝打赏，还可以考虑与品牌方合作、提供会员订阅服务、销售周边产品等方式。不过，在这个过程中必须注重维护粉丝，保持其黏性和忠诚度。

（5）及时调整运营策略

平台政策经常会有变化，影视解说类账号必须关注抖音政策，并及时调整自己的运营策略。创作者可以通过关注抖音官方账号、参加平台举办的创作者大会等方式了解平台的最新动态。

第 4 章

聚拢流量：
触达、吸引、留存、转化

聚拢流量是指通过一系列策略和手段，吸引并汇聚大量的用户，引导他们做出关注、互动等行为，从而提升账号的曝光量和影响力，这主要体现为触达、吸引、留存、转化。

4.1 基本意识：抖音的推荐页才是"王牌"

推荐页是抖音首页的核心部分，该页面通过智能算法为用户推荐他们可能感兴趣的内容。推荐的根据是用户的个人偏好和观看历史，点赞、评论和分享等行为数据，以及地理位置和时间等信息。

具体来说，当用户打开抖音 App 时，默认会进入推荐页。该页面会显示一系列短视频，每条视频右侧会显示相关的数据，如点赞量、评论量和转发量等，这些数据可以帮助用户判断视频的质量和受欢迎程度。此外，推荐页还会出现一些热门挑战和话题标签，这些内容是当前最受欢迎或最热门的主题，可以吸引用户的关注和参与。

推荐页中的内容不仅包括刚上传的新视频，还包括其他用户喜欢的视频及用户自己关注的账号发布的视频。不过，用户关注的账号发布的视频并不会全部出现在推荐页中，而是会被汇总到"关注"页面中，那里有更加全面的展示。

为了让推荐页的推荐更加精准和个性化，抖音的开发团队不断优化推荐算法。他们根据用户反馈和数据表现对算法进行迭代升级，以更好地理解用户的兴趣和偏好。同时，抖音也鼓励用户积极发表优质内容，增强互动，以提升整个平台的用户体验。

因此，抖音的推荐页能够根据用户的个人喜好提供定制化的推荐内容，使用户更容易发现感兴趣的内容。这种推荐方式不仅提升了用户体验，也增加了用户在平台上的停留时间和互动积极性。

那么，抖音账号应该如何利用推荐页获得更多的推荐呢？相关要点如图 4-1 所示。

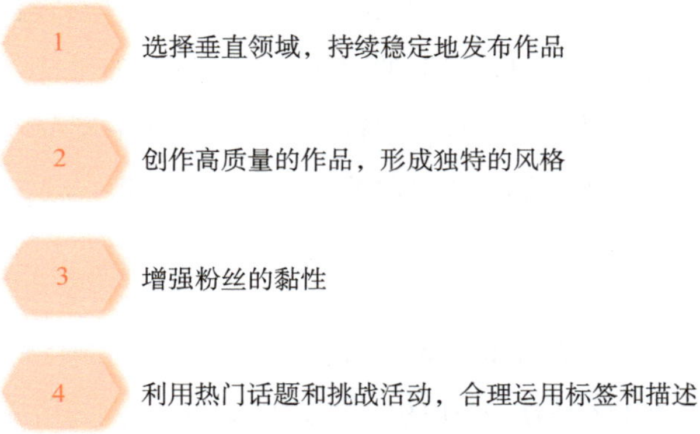

1	选择垂直领域，持续稳定地发布作品
2	创作高质量的作品，形成独特的风格
3	增强粉丝的黏性
4	利用热门话题和挑战活动，合理运用标签和描述

图 4-1　抖音账号利用推荐页获得更多推荐的要点

1. 选择垂直领域，持续稳定地发布作品

在明确账号定位时，创作者要选择自己擅长或感兴趣的领域，并保持内容及领域的垂直度。这可以增加账号的专业性和可信度，吸引更多的目标用户。例如，假设你的兴趣是健身，那么你可以选择专注于健身领域，发布健身教程、健身经验或健身饮食建议等方面的视频。

为了让垂直领域的特征更加明显，创作者可以完善账号的个人信息，包括头像、昵称、简介、背景图等。这些信息要与账号定位和风格相符，以便让抖音及用户更好地了解创作者的兴趣爱好和行为习惯。例如，假设你的账号定位于旅游，你就可以将头像设置为美丽的旅游景点照片，将背景图设置为旅游地图，在昵称中加入与旅游相关的关键词，在简介中介绍自己喜欢的旅游目的地和旅游方式等。

持续稳定地发布视频有助于推荐算法将视频更加精准地推荐给用户。例如，创作者可以制订内容发布计划，每周在固定时间发布一到两个作品，这样用户会更加期待新发布的内容，提高关注度。

选择合适的发布时间可以提高视频的曝光量。工作日的上、下班时间和周末是用户访问短视频平台的高峰期，在这些时间段发布内容比较适合。当然，也可以根据目标受众的观看习惯调整发布时间。例如，假设你的目标受众是上班族，那么你可以选择在早上或下午发布短视频；如果你的目标受众是年轻人，那么你可以选择在晚上发布短视频。

2. 创作高质量的作品，形成独特的风格

创作者应该努力创作高质量、有创意的作品。在制作短视频时要注重画质和音效，尽可能使用专业的拍摄设备和软件来提升作品质量。同时，要注重创意，为用户提供有趣、有用的内容，以改善点赞量、评论量、转发量等互动数据。例如，教程类、生活技巧类内容往往关注度较高，互动数据的表现也较好。

在抖音上，独特的、个性化的内容更容易获得关注。因此，创作者要尝试形成自己的风格和特点，让用户对自己的作品产生深刻印象和记忆。例如，创作者可以在短视频的剪辑、配乐和特效等方面多下功夫，创造独特的视觉效果和风格。

3. 增强粉丝的黏性

创作者要利用好关注页，积极与粉丝互动，认真回复评论和私信，关注他们的账号并给他们的视频点赞，这样做可以增强粉丝的黏性和忠诚度。例如，创作者可以在关注页发布一些互动性较强的内容，如问答、投票或征集活动等，鼓励粉丝参与互动并将活动信息分享给其他用户。

4. 利用热门话题和挑战活动，合理运用标签和描述

创作者要关注并参与抖音上的热门话题和挑战活动，因为这些话题和挑战活动往往会有大量的用户参与。例如，创作者可以参与一些热门的挑战活动，这可以让更多的用户发现并观看自己的作品。

另外，在发布作品时，要合理地运用标签和描述介绍其内容，这可以增加作品被搜索和发现的机会，提高曝光量。例如，创作者可以添加适当的关键词和比较流行的标签，以便用户通过搜索发现这些作品。

4.2　流量转化：用户关注账号的一般过程

创作者可以通过持续发布优质内容、与粉丝互动等方式增强粉丝的信任感和忠诚度，进而完成流量转化，具体的手段包括"导粉"（引导粉丝进入私域流量池）、销售产品或服务等。

用户关注是流量转化的重要环节，一旦用户关注了某个账号，就意味着他们对这个账号的内容或品牌产生了兴趣，这就为后续的流量转化奠定了基础。

用户关注账号的具体过程是怎样的呢？用户为什么会关注账号呢？

下面先分析用户关注账号的具体过程。

（1）刷到视频

当用户在抖音上刷短视频时，系统会根据用户的兴趣和行为推荐相关的内容。如果用户的兴趣与某些账号发布的内容相匹配，或者某些账号发布的内容在某个时间段内被更多的人点赞、分享或评论，这些内容就有可能获得推荐和展示。

（2）对内容产生兴趣

如果用户觉得内容有趣、有创意或符合他们的口味，他们就会进行点赞、评论或分享等操作，这些互动行为可以提升内容的曝光量和关注度。

（3）进入账号主页

如果用户想要进一步了解内容的创作者，就会点触头像，进入账号主页。在这里，用户可以看到账号发布的其他内容、简介信息、关注列表，以及该账号喜欢的音乐和话题等信息。

（4）关注账号

账号主页中有一个"关注"按钮，如果用户决定关注账号，可以点触这个按钮。

（5）账号收到关注通知

用户点触"关注"按钮后，系统会向被关注的账号发送一条通知。同时，粉丝头像和昵称会出现在该账号的关注列表中，账号运营者可以选择"回关"（即关注对方）或忽略通知。

用户关注账号的具体原因如图 4-2 所示。

图 4-2 用户关注账号的原因

（1）内容有价值

如果一个账号发布的内容对用户有价值，用户可以获得知识、技能或生活窍门等，用户可能会关注这个账号，以便持续获取有价值的信息。例如，如果一个账号经常发布关于健康饮食、健身锻炼方面的内容，而某些用户的健康管理需求恰好与之匹配，这些用户就很可能会关注这个账号。

（2）娱乐休闲

一些账号会发布幽默、搞笑的内容，以满足用户娱乐休闲的需求。如果用户在繁忙的工作或生活中需要放松心情，很可能会关注这些能让其欢笑的账号。

另外，许多用户会关注自己喜欢的演员或歌手的账号，以便随时了解他们的动态。例如，如果用户喜欢某位歌手，就可能会关注该歌手的账号，以便第一时间观看其发布的音乐视频。

（3）社交互动

账号之间可以互动，如点赞、评论和转发等。如果用户发现某个账号发布的内容与自己的兴趣很匹配，他们可能会关注这个账号，以便与这个账号互动交流。

（4）获取优惠或福利

一些账号会发布优惠信息或福利活动等，目的是吸引用户。如果用户对这些优惠或福利感兴趣，他们就很可能会关注这些账号。

（5）兴趣爱好

用户可能会因为对特定主题感兴趣或自身爱好而关注某些账号。例如，如果用户喜欢旅行，他们可能会关注分享旅行经验和见闻的账号；如果用户喜欢音乐，他们可能会关注音乐人的账号。

4.3 情绪价值：同频、共鸣、通感

情绪价值是指能够触动、激发用户情感反应的能力，它不仅影响内容的质量，还会影响内容与用户建立情感连接的方式。在抖音这样的短视频平台上，情绪价值是吸引用户并促使他们进行互动、转发、点赞、

评论及最终做出实际购买行为的关键。

用户在观看短视频时，不仅在消费内容，还在寻找一种情感共鸣。因此，视频内容能否引起用户的情绪反应，成了流量转化的关键影响因素。

情绪价值对用户的影响体现在图 4-3 所示的几个方面。

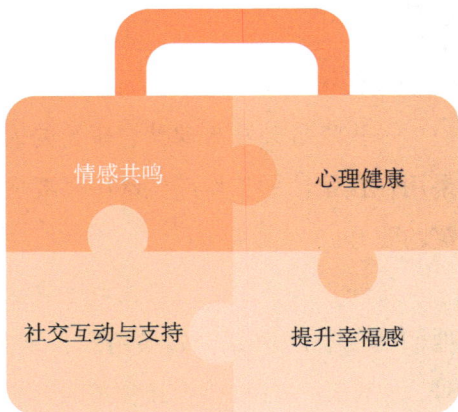

图 4-3　情绪价值对用户的影响

（1）情感共鸣

当用户通过短视频体验到积极的情绪时，他们会产生情感共鸣，感受到被理解、被关心或被支持。这种情感共鸣可以增强用户的归属感和忠诚度，使他们更愿意与发布这条短视频的账号建立情感连接。

（2）心理健康

情绪价值可以对用户的心理健康产生影响。用户通过短视频可以发现内心深处的需求和渴望，更好地认识自己，实现自我成长，这有助于他们在面对压力和挑战时保持情绪稳定，提升心理健康水平。

（3）社交互动与支持

情绪价值可以促进用户之间的社交互动与支持。用户通过分享自己的情感体验或寻求情感共鸣，可以找到志同道合的人，并与其建立社交关系。这种社交互动可以为用户提供情感支持和归属感，帮助他们更好地应对生活中的挑战和困难。

（4）提升幸福感

情绪价值可以提升用户的幸福感。用户通过观看短视频可以获得积极的情感体验、情感支持和情感共鸣，从而更好地应对生活中的困难和挫折，感受到生活的美好，提升幸福感。

情绪价值可以表现为多种形式，如喜剧效果、情感共鸣、好奇心被激发等。例如，一些深入挖掘好奇、共鸣、愤怒、焦虑等情绪的短视频往往关注度很高。能够为用户提供情绪价值的账号往往在后续的转化环节表现比较好。

情绪价值在抖音账号运营中起到的作用主要体现在以下几个方面。

（1）提升用户黏性和忠诚度，提升账号口碑和影响力

情绪价值能够满足用户在情感上的需求，让他们与账号建立情感连接。如果用户通过账号发布的内容获得积极的情绪体验，如愉悦、感动或认同，他们就更有可能转变为忠实粉丝。这种情感连接可以增强用户黏性，增加用户的停留时间和互动频率。

通过为用户提供积极的情绪价值，账号可以树立良好的口碑。用户更有可能向他人推荐该账号，分享愉悦、感动的体验。这种口碑传播可以帮助账号扩大影响力，吸引更多的潜在用户。

（2）增强用户的认同和好感度，提升账号的转化和变现能力

通过提供积极的情绪价值，账号可以增强用户的认同和好感度。当用户对账号产生情感上的认同，他们就更有可能对该账号的关联品牌产生好感，对其产品或服务产生信任。这种认同和好感度可以转化为实际的购买行为，给账号带来商业价值。

积极的情绪价值有助于提升用户的购买意愿。当用户通过账号发布的内容获得愉悦、信任等积极的情绪体验时，他们更有可能做出购买行为，如购买账号推荐的商品、参与付费活动等。这可以增强账号的变现能力，提升其商业价值。

（3）引导用户参与互动，促进内容传播和扩散

通过提供情绪价值，账号可以激发用户的兴趣和情感反应，促使他们

积极参与评论、点赞、分享等互动环节。这不仅可以提升账号的活跃度和互动量，还可以让创作者更好地了解用户需求，不断优化内容创作及运营策略。

当用户观看短视频后产生强烈的情感共鸣或受到巨大的情感冲击时，他们更倾向于将其分享给朋友。这种分享行为有助于扩大短视频及相关账号的影响力和覆盖范围，给账号带来新的关注者。

创作者可以通过多种方式提供情绪价值，以满足用户的需求和期望。

（1）创作能够引起情感共鸣的内容

创作能够引起情感共鸣的内容是提供情绪价值的关键。创作者要深入了解目标受众的情感需求和关注点，有针对性地创作内容，如情感故事、生活感悟分享等，让用户产生情感共鸣，满足他们表达和交流情感的需求。

（2）强化情感表达

创作者可以根据内容和情感氛围选择合适的音乐，增强情感表达；利用色彩、光影、剪辑等营造特定的氛围；运用喜剧、悲剧、浪漫等不同的元素，创造出令人愉悦、让人感动、引人思考等能引起用户不同反应的内容。

例如，有的创作者运用冷色调的视觉效果，在一段关于孤独的短视频中传达了孤独和沉思的情感；有的创作者分享个人经历或他人的真实故事，通过强调情感元素和转折点，触动用户内心，描绘细腻的情感；有的创作者制作了一系列关于宠物和主人之间深厚情感的短视频，通过捕捉宠物和主人之间的互动瞬间，让用户产生了温暖的感受。

（3）提供积极的互动体验

与用户建立积极的互动关系是提供情绪价值的重要一环。创作者要积极回复用户的评论和私信，关注他们的反馈，通过鼓励、支持和正面的互动，让用户感受到被关注、被认同，增强他们的归属感和参与感。

另外，举办线上或线下活动可以促进用户之间的交流互动，提升其社交体验。例如，发起话题挑战、问答互动等都可以激发用户的参与热情。在抖音上，有不少账号发起舞蹈挑战，邀请用户模仿舞蹈并上传自己的舞蹈视频，让用户获得了快乐和归属感。

（4）个性化推荐和定制化服务

创作者可以根据用户的兴趣和情感需求，为其推荐个性化的内容，提供定制化服务。创作者可以通过分析用户的观看历史、点赞、评论等信息，了解他们的偏好，推送更符合其需求的内容；还可以为用户提供定制化的服务和体验，如情感咨询、专属活动等，以满足他们特定的情感需求。

（5）利用数据分析优化内容

创作者可以通过数据分析了解用户的偏好和需求，为内容创作提供指导。创作者通过分析用户观看时长、点赞和评论等信息，可以发现用户对哪个领域的内容有较大的兴趣，进而创作出更符合用户口味的内容。创作者还可以对不同类型的内容进行 A/B 测试，找出最受欢迎的内容形式和风格。

（6）关注用户反馈，学习其他账号的成功经验

创作者要持续收集用户的反馈意见，及时调整内容创作和账号运营策略。发布新视频后，只有积极收集用户的反馈意见，并对后续内容进行调整优化，才能不断提升用户的满意度和账号的影响力。

创作者要关注行业动态和用户需求的变化，学习其他账号的成功经验，不断地创新和进步，从而持续提升用户体验及用户满意度。例如，将虚拟现实技术与短视频相结合就是内容形式创新的方法之一，这可以给用户带来全新的观看体验。

4.4 流量倾斜：抓住算法的阶段性侧重点

从技术层面来看，抖音的算法是非常复杂的。创作者并不需要达到算法工程师那么高的水平，但也不能对算法相关知识一无所知。在抖音上，综合热度较高的短视频背后往往站着一个对抖音算法十分熟悉的创作者。

在这里，我们要提到一个概念——算法倾斜。如何理解这个概念呢？我们可以将自己代入学生的角色，如果你的成绩好或某项技能突出或人际交往能力强，你就会获得老师和同学的更多关注。老师和同学的注意力就相当于平台推荐，没有一位创作者不希望自己的短视频获得平台的推荐，因为平台推荐往往伴随着巨大的流量，创作者之间的实力差距大多就是这样被慢慢拉开的。

抖音整体的创作环境还是很好的，但如果创作者自身能力不足，就有很高的概率等不到流量池的二次推荐。创作者要想成为算法倾斜的对象，就一定要摸透其偏好、套路。具体来说，创作者要关注图 4-4 所示的几个要素。

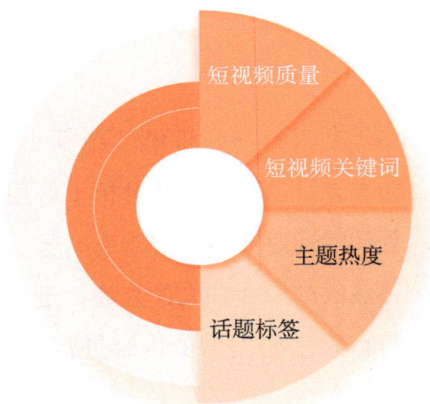

图 4-4　创作者为了获得算法倾斜应该关注的要素

1. 短视频质量

短视频质量始终都应该是创作者最重视的。某些小吃的外形虽然不是很精致，但味道却非常好，比起某些口味一般、往往被大多数人用来自拍的网上流行食品，显然还是前者的市场竞争力更强。

通过投机取巧的方式确实有可能获得一定的流量，但效果持续不了多久，而且可能面临很多风险，如平台的处罚等。谋求长远发展的创作者一定要把大部分的时间和精力用于提高短视频的质量，虽然这样做需要克服很多困难，但未来的每一步都能走得更踏实。借助抖音算法中的某些规则获得推荐只是一种技巧，创作者还是要把重心放在最基础的内容上。

2. 短视频关键词

创作者一定要知道短视频关键词的重要性，并掌握具体的应用方法。例如，在某段时间"馋哭隔壁小孩"这句话非常流行，美食类内容创作者要抓住机会，在文案中加入相应的关键词，这样就很容易获得算法倾斜，选择短视频关键词时需要注意的事项包括以下几点。

（1）流行趋势

创作者要具备敏锐的潮流意识，即便是主打怀旧风的创作者也不能真的沉溺于过去的事物，而要了解当下的流行趋势。在这个信息技术十分发达的时代，对创作者来说，感知流行趋势的变化其实并不困难。捕捉流行趋势，从中挑选出具备潜力的关键词，短视频的热度自然会有更大的上升空间。

（2）热点内容

热点内容与流行趋势既有相似之处也有区别。像 2020 年十分火爆的《乘风破浪的姐姐》和《隐秘的角落》就属于热点内容。创作者可以使用"C 位出道""一起爬山吗"这些关键词。创作者要关注社会热点，但最好不要触碰那些比较敏感、容易引发争议的话题。

（3）账号定位

无论使用什么样的关键词，创作者都要先想一想账号的定位。如果不以账号定位为基础选择关键词，选择的范围就会变得过大，选出来的关键词很可能无法提升短视频的热度。

（4）灵活运用

并不是所有的流行趋势都值得追赶，也不是所有的热点内容都可以拿来就用，把不合适的热门关键词放到文案中，虽然也能获得一定的流量，但会带来很大的风险，账号可能会被降权，粉丝也可能会流失。因此，在借助关键词获得系统推荐的时候，一定要灵活一些。

3. 主题热度

主题就是短视频内容的重点。例如，在垃圾分类刚开始实施的时候，我们可以在抖音上搜出许多相关的短视频，既有搞笑类的，也有科普类的。创作者要尽量选择一些热门、用户搜索频率较高的主题，再配合相应的关键词，这样才更有可能获得算法倾斜。

4. 话题标签

抖音经常会举办一些话题活动或挑战赛，形式多种多样且举办频率非常高。此外，入驻抖音的品牌方也会为了吸引用户而发布一些可供用户参与、讨论的话题。不要忽视这些话题的作用，特别是官方提供的话题，因为它们往往自带热度。

在选择话题时，首先要考虑话题与短视频内容的匹配度，其次要考虑所选话题的价值，那些参与者寥寥无几的话题并不值得参与。

4.5 付费流量：如何投放 DOU+ 更有性价比

从严格意义上来说，DOU+ 并不算一款软件，它是抖音推出的一款引流工具，自 2018 年上线后得到了创作者的一致好评。为什么 DOU+ 在付费引流方式中占据着非常特殊的地位呢？下面对其功能进行简单介绍，并介绍一些能实现效益最大化的付费方案。

无论是新人还是粉丝众多的达人，都可以借助 DOU+ 实现自己的目的，如涨粉、让短视频上热门、增加互动量等。DOU+ 虽然对使用者不设置任何门槛，但并不是免费提供服务的，创作者需要缴纳一定的费用去获得相应的服务。以 DOU+ 目前提供的数据来看，费用并不算高，即便是还没有盈利的新人也可以承受，只需支付 100 元就可以得到 5000 左右的曝光量。

这样的曝光量对目标较高的创作者来说是远远不够的，他们需要更多的流量、更多的新粉丝，所以他们需要支付的费用也更多。部分创作者的资金比较充裕，但这并不代表他们可以不做付费方案规划。创作者要想通过 DOU+ 实现效益最大化，就要做好图 4-5 所示的几项工作。

1 事前深入思考

2 正确投放

3 把控成本

4 尝试小额模式

图 4-5　通过 DOU+ 实现效益最大化要做好的几项工作

1. 事前深入思考

在使用 DOU+ 时，许多企业和个人用户都会走进一个误区：对 DOU+ 的引流能力过于信任，认为自己完全不需要做什么，DOU+ 就像一位全能的秘书一样，可以将所有工作都做好。如果创作者有这种想法，就会在结果达不到预期时认为 DOU+ 完全没有作用。其实，这完全是因为创作者对 DOU+ 的功能认识不足，也没有将分内的工作做好。

使用 DOU+ 做推广的创作者大多数都想得到价值更高的"综合套餐"，而不是单纯地增加播放量或粉丝量，况且这对一些企业号的帮助是很小的。DOU+ 只充当引流者的角色，却不保证后续的收益。

打个比方，你的短视频相当于一个干巴巴的馒头，在你付费后 DOU+ 只负责叫来 50 个人。人虽然都到场了，但是看着馒头毫无食欲，因此无法产生任何购买行为。这时，你能指责工具不给力吗？事实上，到这里为止 DOU+ 的任务已经完成了，它只能帮你引来流量，但既不能让馒头变成汉堡，也不能强迫用户消费。

因此，在购买 DOU+ 服务之前，创作者一定要深入思考这几个问题：我要投放的短视频质量如何？这些短视频是否面向明确的用户群体？哪些短视频适合做推广？只有得出这些问题的答案，才能产生比较清晰的思路，并更好地达到自己的目的。

2. 正确投放

DOU+ 目前主要支持三种投放形式，分别是系统智能推荐、自定义投放与达人相似粉丝投放。下面简单介绍这几种形式。

系统智能推荐是指创作者可以将投放工作交给系统完成，系统会根据账号标签、视频风格等识别潜在粉丝，然后将短视频推荐给特定的群体；自定义投放则是由创作者自行设置相关内容，可供设置的内容包括投放目标（包括用户的性别、年龄等）、期望的投放时长等。一般来说，自定义投放的设置越精准，投放成本就越高。使用达人相似粉丝投放这种形式的创作者相对较少，它是指先选定相同领域的达人，再将短视频推荐给他们的粉丝。

创作者可以根据自己的需求、喜好等选择投放形式，但要注意一个非常关键的问题——对短视频进行筛选与评估。创作者要对已经发布的短视频进行客观的分析，了解短视频的初始流量。

如果某条短视频的初期反馈比较好，就可以考虑为该条短视频购买 DOU+ 推广服务，进行适当的投放。虽然不能排除某条热度一般的短视频在之后忽然火起来的可能性，但对某些预算紧张、无法承担较高风险的创作者来说，还是把投放重心放在潜力较大的短视频上好一些。

在投放时，创作者可以看到消耗的金额与相应的投放进度，这有利于创作者对短视频进行更准确的评估。如果短视频刚刚发布，那么 DOU+ 可以带来至少 1 万的播放量；如果短视频已经处于非常火爆的状态，创作者想要加一把"柴火"，那么同样可以通过购买 DOU+ 服务获得更多的流量。

3. 把控成本

在初次使用 DOU+ 时，不要在毫无规划的情况下就砸大笔资金做推广，一定要根据投放效果决定后续的操作。前期可以用很小的金额尝试，如果用户反馈不好，就应该停止投入或换一条短视频进行尝试；如果投放效果较好，就可以尝试做进一步的投资。这是一种比较保险的策略，对新手来说尤其适用，即便达不到效益最大化，也不会造成损失。

投放是否有效果可以通过短视频的综合数据来判断。如果是普通账号，可以观察投放后的涨粉情况、点赞量与评论量等，播放量呈现上涨趋势是必然的，不要过多地关注播放量。对电商运营者来说，判断投放是否有效果、是否值得继续投入就更加简单了，只需分析成交情况如何。如果成交量大幅度增长，甚至产品有成为爆款的趋势，就要加大投入；如果成交量走势比较平稳，就要考虑是否有必要继续投资。

4. 尝试小额模式

小额模式适用于预算不多的新手、想要对短视频的潜力进行评估的创作者和想要提高转化率的带货者。具体的操作方法也很简单：每次投入都不超过 200 元，适当地调整金额，然后紧盯各项数据的变化，在热度出现明显的下降趋势时再投入小额成本重新将其"唤醒"。

【案例】 "1000 个铁杆粉丝理论"同样适用于抖音

简单来说,"1000 个铁杆粉丝理论"是指一位创作者只要有 1000 个铁杆粉丝,就能获得足以支撑持续创作的收入。这个理论在过去几年里被广泛讨论、引用、实践。作为目前全球最大的短视频平台之一,抖音的用户基数庞大,用户活跃度也很高,"1000 个铁杆粉丝理论"同样适用于抖音。

在抖音上,拥有一定数量的铁杆粉丝的创作者可以通过多种方式获得收益(见图 4-6)。

广告分成

礼物打赏

品牌合作

知识付费

图 4-6 创作者可以通过多种方式获得收益

- 广告分成:内容被广告主投放广告时,创作者可以获得一定的分成。

- 礼物打赏:有些用户会给创作者打赏礼物,这些礼物可以转化为收益。

- 品牌合作:一些品牌方会联系创作者,委托创作者推广其产品或服务。

- 知识付费:创作者可以向粉丝提供课程、培训、咨询等付费服务。

服装品牌江南布衣(JNBY)自诞生之初便非常注重设计感和品质,但服装市场的竞争异常激烈,为了寻找突破口,江南布衣决定在抖音上开展品牌推广。

（1）入驻抖音

江南布衣在抖音上创建了官方账号，发布了一系列与品牌理念和产品相关的短视频。这些视频不仅展示了江南布衣服装产品的独特设计和优质面料，还通过模特的穿搭展示了服装的实际上身效果。

（2）与粉丝互动

江南布衣非常注重与粉丝的互动，经常在评论区回复粉丝的留言，解答他们的疑问。同时，江南布衣还会定期举办一些互动活动，如邀请粉丝参与设计投票、分享穿搭心得等，让粉丝感受到品牌的关注和重视。

（3）培养铁杆粉丝

通过持续的内容输出和互动，江南布衣逐渐积累了一批忠实的粉丝。这些粉丝对江南布衣的设计非常认可，不仅经常下单购买产品，还会在社交媒体上分享自己的穿搭照片和心得，对江南布衣这个品牌进行口碑传播。

（4）铁杆粉丝的影响力

铁杆粉丝的口碑传播对江南布衣品牌的发展起到了重要作用。他们的分享和推荐让更多的人认识并了解了江南布衣这个品牌，并对其产品产生了兴趣。同时，他们的支持和反馈也为江南布衣提供了持续优化产品和设计的依据。

（5）销售额提升与品牌发展

在铁杆粉丝的支持下，江南布衣在抖音上的销售额逐渐提高。江南布衣借此机会扩充产品线，推出了更多符合市场需求的新品。另外，江南布衣还加强了与时尚博主的合作，进一步提升了品牌在时尚圈的影响力。

第 5 章

快速涨粉：
信任感比数量更重要

　　许多人都希望快速增加粉丝量，但实际上，建立与粉丝之间的信任感比单纯追求数量更加重要。信任感是社交媒体成功的基石，如果用户感受到一个账号是真实、可靠且有价值的，他们就更有可能持续关注、点赞和分享该账号发布的内容。这种信任感不仅有助于增强粉丝黏性，还能提升内容的传播效果。与此相反，如果仅仅追求粉丝量，而忽视信任感的建立，那么这些粉丝很可能只是过客，不会给账号带来长期的价值。他们可能不会积极参与互动，也不会对内容产生持久的兴趣。

5.1　向内寻求：回想一下你如何成了别人的粉丝

先来看一个案例。小张是一个年轻的女孩，平时非常喜欢化妆和护肤。她经常在社交媒体上寻找化妆和护肤技巧，学习如何让自己变得更加美丽动人。

一天，小张在抖音上刷短视频的时候刷到了一个名为"美妆小达人"的账号。这个账号经常分享化妆和护肤心得及技巧，吸引了小张的注意。小张发现"美妆小达人"分享的内容非常实用，而且出镜者的妆容和皮肤状态都非常出色，这让小张对"美妆小达人"产生了信任感。

随着时间的推移，小张开始关注"美妆小达人"的每一条视频和动态，并且经常留言、与其互动。她还开始尝试"美妆小达人"推荐的产品，她发现这些产品确实非常适合自己的肤质和需求。小张渐渐地成了"美妆小达人"的忠实粉丝，并开始向她的朋友推荐这个账号。

一天，"美妆小达人"发布了一条关于如何解决痘痘问题的视频。小张正好遇到了这个问题，于是她仔细观看了视频，并尝试了"美妆小达人"推荐的方法。她发现这个方法非常有效，痘痘问题得到了明显改善。这让小张对"美妆小达人"更加信任。

在"美妆小达人"的影响下，小张不仅在化妆和护肤方面更有自信，她的生活态度也发生了积极的变化。她不仅关注自己的外表，也开始关注内在修养，努力提升自信。

小张开始尝试更多的化妆和护肤产品，并分享自己的心得和体验。通过与"美妆小达人"互动交流，她不仅获得了更多的化妆和护肤知识，还结识了很多志同道合的朋友。这些朋友也成了她生活中的支持者和鼓励者。

随着时间的推移，小张成了"美妆小达人"的铁杆粉丝。她不仅关注"美妆小达人"的每一条视频，还经常参与该账号举办的各种活动。她向身边的朋友推荐"美妆小达人"，成了一位积极宣传这个账号的口碑传播者。

通过这个案例我们可以发现，在抖音账号运营中，信任感非常重要。只有用户对账号产生信任感，才会愿意关注账号并成为其忠实粉丝，账号才能创造商业价值。

信任感的重要性主要体现在图 5-1 所示的几个方面。

増强用户忠诚度，提高用户留存率

増加互动量，提升转化率

提高品牌知名度，降低营销成本，增加变现机会

建立长期关系，抵御负面信息

图 5-1　信任感的重要性

1. 增强用户忠诚度，提高用户留存率

信任感可以增强用户的忠诚度。用户对账号产生信任感后，他们更有可能成为账号的长期支持者，并向他们的朋友和家人推荐该账号；他们更有可能持续关注账号发布的内容，愿意花费更多的时间浏览内容并与账号互动。

2. 增加互动量，提升转化率

信任账号的用户更有可能与之互动，如点赞、评论和分享账号发布的内容等。抖音会根据账号表现和用户反馈不断地调整账号权重，获得更多粉丝信任的账号自然更容易获得更高的权重，从而获得更多的流量。如果用户对账号产生了信任感，就更有可能购买其推荐的产品或服务，或者参与其开展的营销活动。

3. 提高品牌知名度，降低营销成本，增加变现机会

用户对账号产生信任感后，更有可能向其他人推荐这个账号，从而提高相关品牌的知名度。让新用户对账号产生信任感需要投入时间和精力，但只要成功，就能显著降低营销成本。

账号销售产品往往需要建立在用户信任和认可该账号的基础上，如果用户对账号缺乏信任感，他们就不愿意购买产品，这会影响账号的商业价值。基于用户的信任感，账号可以探索更多的变现方式，如推出付费内容、建立会员体系等。

4. 建立长期关系，抵御负面信息

用户对账号产生信任感后，更有可能与其建立长期的关系，这对账号维护稳定的粉丝群体和持续输出内容至关重要。一旦用户对账号产生了信任感，即使出现负面新闻或评价，他们也更愿意相信账号，而不会轻易被负面信息所影响。

5.2　行业通则：粉丝运营的基本逻辑

在抖音上，粉丝数量超过百万的账号可以说很成功了，当然，前提是这些粉丝都是真实的，没有"僵尸粉"。虽然很少有人能在短短几天内就

获得上百万的粉丝，但创作者仍然可以学习、揣摩这些账号的运营思路和方法。毕竟，比起摸着石头过河，借鉴他人的成功经验更有可能获得成功。

粉丝越多，对创作者能力的要求就越高。拥有百万粉丝的账号在运营方面有较多的相似之处，其共同点如图 5-2 所示。

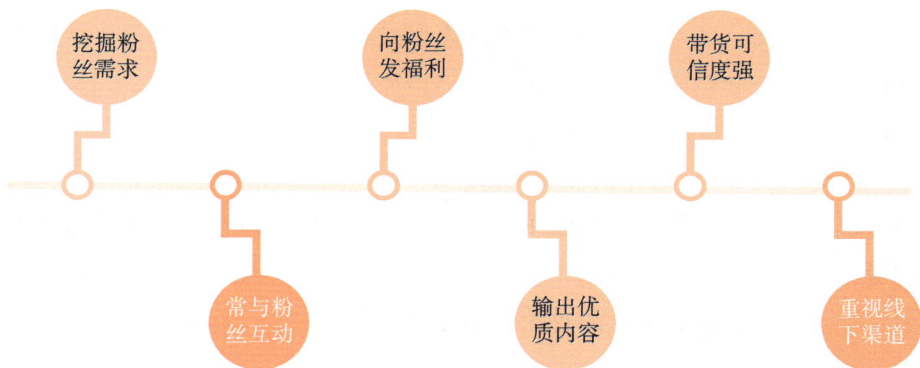

图 5-2　百万级抖音账号在运营方面的共同点

1. 挖掘粉丝需求

如果创作者具备打造社群的意识，并且认真地做了粉丝运营方面的工作，那么其在挖掘粉丝需求的时候就会更加轻松一些。毕竟，社群最根本的作用就是让创作者与粉丝联系得更加紧密，使创作者能够更加直接地听到来自粉丝的真实声音。

如果暂时没能打造出社群体系，也没有关系，创作者可以通过评论或私信收集粉丝的需求。大部分粉丝并不会过于直白地表示"我希望短视频里面有这样一些内容……"或"希望下一条短视频能介绍一下……"，创作者要注意辨别某些委婉的需求表达。当然，创作者不必照单全收，粉丝的意见固然很重要，但可行性也是要考虑的，满足每一位粉丝的需求几乎是不可能做到的。

2. 常与粉丝互动

与粉丝互动的重要性如何强调也不为过。保持"高冷"人设或许在某些场景下会很有效，但在抖音这个竞争异常激烈的环境中，减少与粉丝的互动基本上等于自取灭亡。创作者要认识到这一点：虽然自己可以提供给粉丝一些东西，如快乐、缓解压力的内容或某些产品，但如果没有粉丝的支持，那么这些东西就没有任何价值了。

3. 向粉丝发福利

福利可大可小，要根据创作者自身的实力来定。刚起步的账号可以采用成本比较低的方式发福利，如念出、抄写粉丝的昵称并在短视频中展示等。如果粉丝量破百万的账号还在用这种方式发福利，粉丝就会觉得创作者对粉丝不重视、不用心。发福利并不一定需要砸多少真金白银，但一定要与账号的形象和实力相匹配，否则反倒容易导致粉丝流失。

4. 输出优质内容

归根结底，吸引粉丝要靠短视频本身，这一点即便在拥有了百万粉丝之后也不会改变。按常理来说，短视频的质量应该随着粉丝数量的增加而逐渐提高，毕竟只有优质内容才能吸引更多的粉丝。但是，某些创作者在粉丝数量达到一定水平之后，反倒忽视了内容质量，导致老粉丝纷纷离开。

另外，某些创作者进入瓶颈期的时候会考虑转型。这是一种风险极高的行为，最好在与粉丝沟通到位的前提下进行，不要毫无预兆地彻底改变内容风格。

5. 带货可信度高

抖音上从来不缺少带货的人，不过能坚持下来并建立良好口碑的百万级账号却不算多。毕竟，抖音带货与淘宝店卖货还是有区别的，后者的交易体系更加成熟，而前者基本上依赖于粉丝对带货者的信任。

也就是说，创作者要想获得更好的带货业绩，就必须增强粉丝对自己的信任。无论是自己选品还是帮品牌方做推广，创作者都一定要保证产品质量过硬。

抖音的交易体系还不够完善，目前还存在许多问题，因此创作者一定要通过各种手段让消费者安心并做到这几点：有问题及时处理；有质疑及时回应；哪怕由于个人疏忽导致产品出现了什么问题，也不能用逃避的态度对待问题（见图 5-3）。

图 5-3 在抖音上带货时如何让消费者安心

6. 重视线下渠道

拥有百万粉丝的账号不能再拘泥于线上，也要重视线下渠道。例如，"papi 酱"也会参与一些线下的演讲活动或颁奖典礼；李子柒虽然个人形象比较"仙"，但并不是真的不食人间烟火，其出席的线下活动也有很多。

创作者不能忽视线下渠道，特别是在已经有能力在线下做一些事的时候，线下渠道通常能够将自己与粉丝的距离拉得更近。

5.3　自然涨粉：抖音短视频的吸引力法则

抖音涨粉这件事看起来不难，但其实很复杂。每一位创作者都希望实现快速涨粉，然而许多创作者都会遇到涨粉速度慢、粉丝质量低等问题。面对棘手的问题，有些人选择放弃，有些人则将目光投向了灰色地带，甚至付费买粉，这些都是错误的做法。归根结底，健康稳定的涨粉才是所有创作者都希望看到的。

与付费买粉相比，自然涨粉的涨幅似乎不是很大。然而，如果我们深入分析，就不难发现自然涨粉对创作者更有帮助（见图 5-4）。

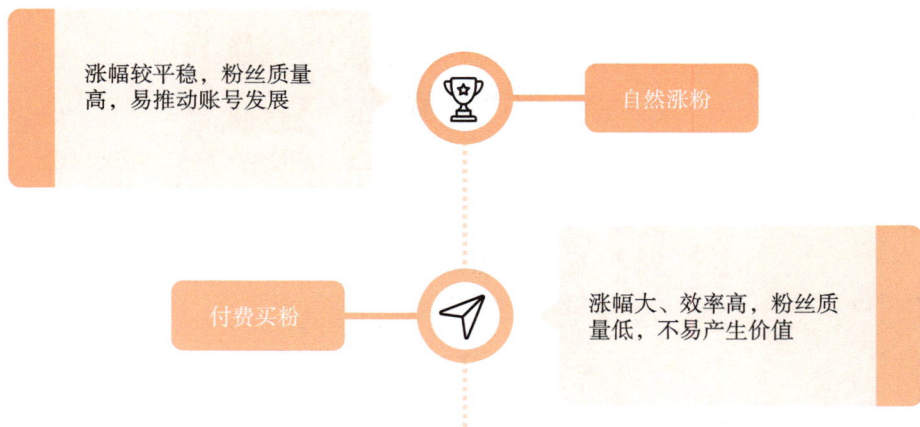

涨幅较平稳，粉丝质量高，易推动账号发展　　自然涨粉

付费买粉　　涨幅大、效率高，粉丝质量低，不易产生价值

图 5-4　自然涨粉与付费买粉的对比

付费买粉之所以会有市场，主要是因为这种方式十分便捷、高效，创作者不需要耗费过多的心思在短视频的创作、推广上，粉丝量就可以迅速增加。但是，通过这种方式获得的粉丝质量普遍很低，有很大一部分都

是"机器人"账号，并不会与账号发生任何互动，只会静静地躺在粉丝列表中。

要想让账号获得长远的发展，只靠付费买粉肯定是不行的。自然涨粉的优势就在于它能让创作者获得一批真实的粉丝，这些粉丝会做出反馈，还会进行消费，他们才是真正推动账号发展的核心力量。

不过，如果通过自然涨粉一天都涨不了一两个粉，那么账号的发展也就无从谈起了。为了通过自然涨粉杀出重围，创作者要为账号找一个独特的视角。这里说的独特，并不是让创作者开辟冷门领域，而是从账号定位与内容设置等方面去营造某种独特感。毕竟，当前抖音上内容同质化的现象比较突出，用户会频繁刷到内容相似度较高的短视频，久而久之也会产生审美疲劳。如果这时候有一个视角独特的短视频账号出现，它就很有可能成为一匹黑马。在寻找独特视角的时候，创作者要思考以下几个问题。

（1）定位是否清晰

既然是以增加粉丝、发展账号为目的，那么创作者在确定账号定位的时候，就一定要让其足够独特、清晰。例如，某创作者想要做影片评析类短视频，这个定位在抖音上就比较有特色，并且也容易让用户感受到这种特色；做影视类短视频就不是一个很好的定位，因为它无法让用户快速了解账号定位，创作者在创作时可能会感到迷茫。

（2）素材是否充足

按时输出内容是保证账号自然涨粉的基础之一，但前提是创作者有比较充足的素材可以使用。即便是同一细分领域，适用于不同视角的素材也会有所差异。素材过少容易导致创作者在创作短视频时受阻，进而影响内容质量。

（3）是否拥有市场

从长远来看，创作者还要评估该视角是否拥有市场，是否具备商业价值。大部分细分领域都是具备商业价值的，区别在于价值高低。创作者要对此进行客观分析，毕竟是否拥有市场、市场规模大小也会对账号的长远发展产生影响。

创作者找到独特的视角之后，如果能将最基础的创作环节做到位，那么粉丝的自然增长速度应该会有所提升。不过，仅仅如此还不够。在抖音这样一个复杂的平台上，具备"通过独特的视角吸引粉丝"这种意识的人并不少，创作者还需要加一剂猛药，即挖掘、解决粉丝的痛点。

只有做到这一点的创作者，才能真正与粉丝建立牢固的关系。那么，创作者如何才能高效地击中粉丝的痛点呢？常用的几个技巧如下。

（1）开设话题

创作者可以自行在抖音上开设话题，也可以将话题放到短视频内容中。话题讨论能让创作者更加高效地击中粉丝的痛点。

创作者要重视评论区，因为如果短视频内容成功地击中了粉丝的痛点，那么粉丝就有可能在评论区描述自己的感受或需求，创作者要注意筛选那些价值较高的内容并及时予以回复。

（2）解读粉丝心理

擅长剖析、解读粉丝心理的创作者往往在挖掘粉丝痛点时拥有更多的优势，因为并不是所有人都会将自己的真正需求用语言表达出来。此时，如果创作者可以通过各种信号解读粉丝的真实心理，就能更加精准地挖掘粉丝的痛点。

（3）增强内容的针对性

如果创作者只是挖掘出了粉丝的痛点，却没有采取任何行动，那么做这项工作就是毫无意义的。创作者有无数种方式去解决粉丝的痛点，但一定要将内容输出摆在核心位置，毕竟这才是主业。一般来说，情感类短视频最容易调动用户的情绪。

（4）关注群体痛点

解决粉丝的痛点不能采取一对一的方式，否则效率太低了，效果也不会很好。创作者在寻找独特视角的时候可以强调独特性、差异性，但在解决粉丝痛点的时候还是要更加关注群体痛点。

如果创作者走的是吸引精准粉丝的路线，那么其粉丝群体的相似度应该比较高，统一解决其痛点也会变得比较容易。虽说创作者也可以对某些核心粉丝群体的痛点进行挖掘，但从整体上来看，还是解决集体痛点的做法更加高效。

5.4　推广涨粉：抖音短视频的影响力法则

在日常生活中，我们常常会听到这样一句话："一分钱，一分货。"这句话用在抖音的推广上也是很合适的。不过，作为付费方，创作者也要考虑性价比的问题，否则很有可能出现费用超出预算却达不到预期效果的情况。

在进行付费推广之前，创作者要明确自己的推广目的是什么。推广目的主要可以分为两类：一是借助推广增强账号的影响力；二是带货，获得更多的收入。推广目的不同，创作者应该选择的付费推广渠道也有所不同。当然，某些基础的付费推广渠道通用性比较强。

目前，抖音付费推广的几种常见形式如图 5-5 所示。

图 5-5　抖音付费推广的几种常见形式

1. 开屏广告

开屏广告是效果最明显、曝光量最高的付费推广形式，因为所有进入抖音的用户都必须经过开屏这道程序。有时候，我们看到不喜欢的广告就会通过点触"跳过"按钮或刷下一条短视频等方法跳过它，但开屏广告一般是无法跳过的。对创作者来说，开屏广告是非常不错的选择，但价格相对来说也较高。

有实力的创作者可以购买开屏广告。抖音以时尚潮流为主要特色，因此，已经谈好开屏广告合作的创作者最好根据平台的特色设计广告内容。特效可以适当使用，但不能盖住文字内容。如果开屏广告只给用户留下一个很酷炫的印象，但用户压根没有注意到推广者是谁、推广了什么品牌，那么这笔广告费就花得太不值了。

2. 信息流广告

信息流广告也是比较常见、使用频率较高的一种付费推广形式，比起硬广更容易被用户接受。信息流广告可以灵活地穿插在各类内容中，与过去那种按着用户的头、千方百计地引导用户点进去观看的广告相比，这种广告既能获得较高的曝光量，又不会让用户过于反感。

抖音可以为创作者提供投放广告的机会，但能不能靠广告内容吸引粉丝、能不能获得流量还要看广告本身的质量。创作者要思考广告面向哪些用户、封面图应该如何选择等问题。

信息流广告的两大优势是精准投放和流量较大。

（1）精准投放

创作者在投放信息流广告之前，首先要绘制目标用户的画像，这样才能让抖音进行比较精准的投放。抖音在进行内容分发的时候会根据账号的主要标签自动选择投放群体，使广告内容更加符合用户的喜好。

（2）流量较大

信息流广告在流量多、影响力大的平台上更能发挥作用，抖音正是这样的平台。信息流广告一般针对目标人群进行投放，人群范围大小、活跃度高低等对广告投放效果的影响也很大。

3. 达人合作

需要引流或带货时，创作者可以根据自己的产品和预算选择合适的达人。粉丝基数大、垂直化程度较高的头部达人是创作者要重点考虑的合作对象。联系对方时，创作者既可以直接联系账号拥有者，也可以联系其团队。

合作是双向的而不是单向的，只有双方都满意，合作才算是成功的。谈分成时，最好建立一定的激励机制。综合实力越强的账号，合作的价格就越高，创作者要根据自己的预算选择最合适的达人。

4. 贴纸广告

贴纸广告主要面向品牌方或知名 IP[①]。例如，2019 年十分火爆的电影《哪吒之魔童降世》的宣发团队就在抖音上线了相应的脸部贴纸、特效。当时有许多点赞量高达十几万、几百万的短视频都使用了这些贴纸。

这使本就十分受欢迎的电影得到了更大范围的传播，其票房上涨速度也越来越快。虽然电影自身质量过硬是其获得高票房的主要原因，但抖音贴纸广告的确发挥了一定的推动作用。与其他广告形式相比，贴纸广告受用户欢迎的程度应该是最高的，因为它非常符合抖音的特点，很多用户都很喜欢这种灵活有趣的广告形式。

---

① 全称是 Intellectual Property，本意为知识产权，在社交媒体平台上被引申为有影响力的个人或品牌。

5. 挑战赛

挑战赛与贴纸广告在性质与应用范围上比较相似。大部分创作者不具备在抖音上举办挑战赛的能力，我们在抖音上看到的挑战赛大多是由各个品牌方举办的。例如，京东电器就曾在抖音上发起过挑战赛，并设置了很有吸引力的奖项，参与人数多达 39 万。

随着抖音用户规模的持续扩大，挑战赛的形式也变得愈发多样化，众多品牌方都在想办法降低挑战赛的门槛并增强其可玩性，目的就是给品牌账号引流，扩大品牌在线上、线下的影响力。

付费推广需要投入不少费用，创作者必须开动脑筋，灵活选用不同的付费推广形式，得出高性价比组合。例如，信息流广告与达人合作相结合的可行性比较高，而贴纸广告可以与其他各种付费推广形式组合使用。"哪种组合的性价比最高"这个问题并没有固定的答案，只有最适合创作者、最符合其需求的组合才能创造最大的价值。

5.5　积极互动：是账号在互动，而非你在互动

与粉丝互动越频繁，互动效果就越好，就越容易与粉丝建立信任关系，运营工作也会因此而顺利许多。创作者必须掌握与粉丝互动的技巧，这样才能保证账号的长远发展。

某些创作者在现实生活中是比较"高冷"的人，并不热衷于社交。如果他们在抖音上只是想分享自己的生活或想法，那么继续保持这种风格并没有什么问题。但如果想走商业化的路线，这种风格就有很大的问题了。抖音上的达人有很多，新人层出不穷，一旦创作者与粉丝之间由于缺少互动而关系变淡，那么粉丝就会转而关注他人。

创作者不要过于自信，不要认为自己完全可以凭内容质量取胜，不必

与粉丝互动，除非你的短视频可以长年累月待在排行榜第一名。

创作者要把握好与粉丝互动的四个重要方面（见图 5-6），并掌握相应的提升技巧。

图 5-6　与粉丝互动的四个重要方面

1. 粉丝积累

创作者需要精准粉丝。创作者要让精准粉丝的数量呈现出稳定增长的趋势，而不是长期保持在同一水平。为此，创作者必须将最基本的粉丝运营工作做好，先把粉丝积累起来。创作者要充分利用评论、私信这两项功能。

尽管精准粉丝在不同的运营阶段都很重要，但如果一定要按照重要程度对不同阶段的粉丝进行排列，初期粉丝的价值还是最高的。在粉丝数量还不多的时候，创作者与其进行互动往往更加高效，创作者基本上能够将每一位粉丝都照顾到。初期粉丝也是最容易产生黏性的，关注账号时间较长的粉丝将见证短视频内容质量一步步提升的过程。

因此，在运营初期，评论的价值非常高，即便评论者屈指可数，创作者也不要为此感到沮丧，而要抓住这一机会，尽可能通过评论互动将这些用户都转化为自己的粉丝。在互动时，一定不能过于生硬，不能让对方产生一种应付差事的感觉。创作者要通过互动来塑造自己的形象和风格，而且后期也不要经常变化。

创作者不必通过私信与每一位新粉丝打招呼，而要将私信与评论结合起来使用。例如，某个账号做的是烹饪类短视频，用户可能会对某个烹饪步骤产生疑惑，或者想要购买短视频中出现的一些物品，这时创作者就可以通过私信解决这些问题。不过，私信互动也不能过于频繁，否则可能会产生一些风险。

2. 建立信任

创作者在积累一定数量的粉丝之后，就要开始在继续吸引粉丝的同时将目标转向与粉丝建立信任关系。在抖音上，知名度较高的账号往往都有一批忠实粉丝，这批粉丝往往是为其创造最多价值的群体。

与粉丝建立信任关系是一项长期的工作，不要妄想在短短几天内就可以让粉丝产生极强的黏性。创作者要充分利用抖音的现有资源，例如，直播比短视频的互动效果更好、操作空间也更大，创作者可以利用直播功能增强与粉丝的互动。

此外，创作者也可以通过最常见的发福利的方式增强粉丝的信任感，这种方式可以有效地提升粉丝的活跃度。创作者可以根据粉丝需求或个人喜好设定福利的具体内容。

3. 粉丝管理

开展粉丝管理的目的是打造自己的私域流量池，这要求创作者建立自己的社群。进入粉丝管理这一阶段往往意味着粉丝量已经达到了一定的水平，而且创作者也有了丰富的运营经验。

通过社群与粉丝进行互动可以增强创作者与粉丝之间的关系。不过，创作者在互动的过程中要注意遵循以下几项基本原则。

（1）把控秩序

当创作者发现社群成员做出恶意引流或私自打广告等行为时，一定要立刻处理，不能一味地纵容。

（2）适当激励

激励是粉丝互动中很重要的一项内容，适当激励有助于提高粉丝的积极性。在社群内不一定非要采用物质激励的方式，头衔、成就等精神激励对粉丝也有很大的吸引力。

（3）信息交流

并不是时不时发表一两个话题就算完成了互动，在节假日道一声问候、与粉丝交流一些日常生活方面的话题才能让粉丝感觉到自己很受重视。

4. 完成转化

有些创作者在粉丝运营方面做得很好，但在转化、变现时却出现了问题。创作者产生想要变现的想法很正常，但要让这一过程慢一些、自然一些。前一天还是常规的运营状态，第二天就开始打商业广告、接各种推广，这对粉丝来说是很难接受的。

带货是抖音未来的发展趋势之一，但这并不意味着抖音支持创作者明晃晃打广告的行为，创作者如果有此方面的打算，最好先在社群或其他功能区与粉丝沟通一下，了解粉丝的态度与需求。创作者也可以通过直播互动来促进转化，但要保证互动方式符合粉丝的需求，让广告的形式更容易被他们接受。

【案例】 短期涨粉数百万背后的运营技巧

抖音上的创作者越来越多，其中很多人都从事过自媒体方面的工作或拥有账号运营、视频拍摄等方面的经验，这加剧了账号之间的竞争。

在这样的环境中，有一个新账号的粉丝量在 30 天内增加了 550 万，这个速度无疑是非常惊人的，它就是"垫底辣孩"。

"垫底辣孩"是抖音上一个人气极高的账号，其内容以变装和时尚为主题，吸引了大量的年轻用户。接下来我们详细分析一下"垫底辣孩"迅速涨粉背后的运营技巧。

（1）明确且独特的定位是"垫底辣孩"成功的关键因素。在抖音这个竞争激烈的平台上，只有与众不同才能吸引用户的关注。"垫底辣孩"的内容以变装和时尚为主题，创作者凭借高超的剪辑技巧和独特的创意，展示了各种风格的服装和造型。这种明确的定位使该账号的内容在抖音上独树一帜，吸引了大量对时尚感兴趣的年轻用户。为了保持这种独特性，创作者需要持续关注时尚潮流，了解目标用户的需求，制定适当的内容策略并不断优化调整。

（2）较高的制作水平是"垫底辣孩"成功的重要因素。"垫底辣孩"的短视频画面美观、剪辑流畅，音效和配乐恰到好处，能够给用户带来愉悦的观看体验。为了保持较高的制作水平，创作者必然要在拍摄和剪辑上下足功夫，不断学习和提升专业技能。当然，各种细节也不能忽视，从服装、化妆到拍摄场景和道具的选择，都要力求完美。

（3）创意和创新是"垫底辣孩"保持热度的根本。"垫底辣孩"不断尝试新的变装主题，挑战新的造型，不断地给用户带来新鲜感和惊喜。这种创新精神使该账号发布的短视频始终在这个细分领域内引领着潮流。为了源源不断地产生新创意，创作者必须保持敏锐的观察力和洞察力，及时捕捉时尚界的最新动态和趋势，并将其融入短视频。

（4）积极与粉丝互动是"垫底辣孩"的重要策略。"垫底辣孩"积极回复粉丝的评论和私信，与他们建立了紧密的情感连接。这种互动不仅增强了粉丝的参与感和归属感，还使该账号发布的短视频传播力更强、影响力更大。与粉丝交流互动的目的是获得反馈，及时调整运营和内容策略，更好地满足他们的需求。

（5）合作联动给"垫底辣孩"带来了更多的曝光机会。"垫底辣孩"与其他抖音达人、品牌方进行合作和联动，通过互相推广和资源共享，实现了互利共赢。这种合作不仅扩大了"垫底辣孩"的影响力，提升了其商业价值，还给其带来了更多的创作灵感。

第 6 章

数据思维：
追踪数据、发现趋势、紧跟潮流

拥有数据思维是创作者成功的关键之一。通过追踪数据、发现趋势和紧跟潮流，创作者可以了解哪些内容受欢迎，哪些内容需要改进，从而优化创作策略，不断提升内容质量和影响力，吸引更多的用户。

6.1 热点数据：用户的注意力集中在哪里

抖音的热点数据主要涉及热门话题、热门视频、热门音乐等，这些数据都是通过用户的互动行为综合计算得出的，如点赞量、评论量、转发量和观看时长等。通过分析这些热点数据，创作者可以了解用户的兴趣。

例如，如果某个话题或某条视频在短时间内获得了大量的关注，它就有可能成为热门话题或热门视频。这意味着大量的用户对该话题或视频所涉及的内容产生了兴趣，他们的注意力集中在这里。这可能是因为该话题或视频涉及用户普遍关心的社会问题、生活技巧等。

热点数据对用户的影响是多方面的，它不仅能够引导用户的注意力，还能激发用户的兴趣，从而影响他们的行为。热点数据对用户的影响如图 6-1 所示。

图 6-1　热点数据对用户的影响

（1）引导用户参与讨论和创作

当某个话题成为热门话题时，往往会有大量的用户都在关注和讨论这个话题。这会吸引更多的用户加入讨论，分享自己的观点和看法。同时，热门话题也会激发创作者的创作灵感，促使他们创作出更多与该话题相关的内容。这种互动、参与行为不仅能够增强用户的黏性，还能给创作者带来更多的粉丝。

（2）影响用户的观看和分享行为

热门视频通常是内容质量高、受众广泛、具有吸引力的视频。当某条视频成为热门视频时，往往会吸引更多的用户观看，并引发用户的分享行为。用户可能会将视频分享给自己的朋友、家人或社交媒体上的粉丝，从而增加视频的曝光量和影响力。这种观看、分享行为不仅能够增加视频的播放量，还能提高创作者的知名度和影响力。

（3）激发用户的创作和模仿欲望

热门音乐通常是旋律优美、歌词动人、易于传唱的歌曲。当某首歌曲成为热门音乐时，往往会激发用户的创作和模仿欲望。用户可能会将这首歌曲作为自己视频的背景音乐，或者模仿歌曲中的舞蹈、动作等。这种创作、模仿行为不仅能够增加平台内容的多样性，还能增强用户的参与感和成就感。

由此可见，热点数据为创作者和企业提供了洞察市场和开展营销的机会。创作者要想发现热点数据，可以采用以下几种方法。

（1）查看抖音热榜

抖音热榜会显示当前抖音上最热门的话题、直播、团购、品牌、音乐等，创作者可以通过查看抖音热榜了解当前的热点数据。在抖音首页点触右上角的放大镜图标，进入搜索页面，向下滚动页面，即可查看抖音热榜。

（2）关注热门挑战

抖音上每天都会有一些热门挑战，参与这些挑战活动可以获得更多的曝光和关注。在抖音首页点触上方的"热点"标签，进入"热点"页面，点触右侧"完整热榜"，进入"抖音热榜"页面，即可查看当前的热门挑战。

（3）使用数据分析工具

抖音提供了数据分析工具，创作者利用该工具可以查看用户画像、视频数据、互动数据等，并通过分析这些数据发现热点数据。在抖音首页中点触右下角的"我"标签，进入"我"页面，点触右上角的菜单（三条短横线）图标，在弹出的菜单中点触"抖音创作者中心"选项，进入"抖音创作者中心"页面，点触"数据中心"图标，进入"数据中心"页面，即可查看相关数据及具体分析。

（4）参加活动

抖音上有各种各样的活动，参加这些活动可以获得更多的曝光和关注。在"抖音创作者中心"页面中点触"活动中心"图标，进入"活动中心"页面，即可查看当前可以参加的各类活动及热门活动。

那么，创作者应该如何对热点数据进行跟踪与分析呢？具体步骤如下。

（1）确定跟踪的目标与范围

创作者要基于账号的定位及目标受众确定热点数据的跟踪目标和跟踪范围。例如，美食类内容创作者可能需要关注与美食相关的热点话题、流行趋势及受众喜好。

（2）选择合适的工具

有很多工具可以帮助创作者跟踪和分析热点数据。抖音官方提供的数据分析工具可供创作者查看热门视频、热门话题、用户行为等数据；第三方数据分析平台通常提供更全面、更强大的数据分析功能，包括热门话题趋势分析、用户画像深入挖掘等；社交媒体监测工具可以实时监测社交媒体上的热点话题和趋势，帮助创作者及时发现并跟进热点。

（3）收集热点数据

通过各类工具，创作者可以收集以下热点数据。

- 热门视频：观察和分析热门视频的内容、形式、风格等，了解受众的喜好和需求。

- 热门话题：收集和分析热门话题的关键词、趋势、参与度等，了解当前的社会趋势和用户兴趣。
- 用户行为数据：分析点赞、评论、分享等用户行为数据，了解用户对内容的反应和偏好。

（4）深入分析热点数据

收集到热点数据后，创作者要进行深入的分析，充分了解数据的含义。

- 分析热门话题：通过观察热门话题的关键词、搜索量、参与度等的变化，了解话题的发展趋势和受众的关注程度。
- 分析用户画像：从用户行为数据、性别、年龄、地域等维度了解目标受众的特点和需求。
- 分析传播路径：从观察和分析视频的传播路径、传播渠道等了解视频的传播效果和受众的接受程度。

（5）制定热点内容策略

基于热点数据分析结果，创作者可以制定相应的热点内容策略。

- 创作与热门话题相关的内容：结合热门话题和趋势，创作与之相关的内容，以吸引受众。
- 调整发布时间和频率：根据受众的活跃时间和对不同内容的需求，调整内容的发布时间和频率，以提高内容的曝光量和关注度。
- 优化账号界面设计和用户体验：根据用户画像和行为数据，优化账号界面设计和用户体验，提高用户的留存率和参与度。

（6）持续跟踪热点数据并调整策略

实施热点内容策略后，创作者仍要持续跟踪热点数据的变化情况，并根据实际情况随时进行调整。

- 持续监测热门话题及其趋势的变化：及时发现新的热点话题和趋势，并调整内容策略。
- 分析内容的表现和用户反馈：观察和分析内容的表现和用户反馈，了解内容的优缺点和受众需求的变化。
- 不断优化和调整策略：根据分析结果和实际情况，不断优化和调整热点内容策略，提升账号运营绩效。

另外，创作者在追踪和分析热点数据时需要注意以下几点。

- 及时性：热点事件的发展和变化非常快，因此需要及时追踪和分析数据，以便快速响应市场变化和用户需求。
- 准确性：数据的准确性和可靠性对分析结果非常重要，因此必须选择可靠的数据来源和分析工具，同时要注意数据的清洗和处理。
- 深入性：数据分析不仅是分析数字和图表，还要深入挖掘数据背后的信息和趋势，以便更深入地了解用户需求和市场变化。
- 持续性：数据分析是一个持续的过程，只有不断地追踪和分析数据，才能不断地优化内容和推广策略。

6.2 领域数据：赛道头部账号的新动向

抖音作为一款融入智能算法的产品，自然与数据的关系十分紧密。无论先前是否有过数据分析的经历，创作者都要不断增强自己的数据思维及相关能力。

说到抖音上热门的细分领域，经常刷抖音的用户一定能在第一时间说出好几个：美食、游戏、化妆品、服饰……在这些细分领域中，创作者众多，受众也不少。热度略低一些的细分领域也有很多，其中不乏发展潜力很大的细分领域，如科普、母婴、手工等。如果将抖音上所有的细分领域罗列出来，数量大概可以达到几百个。

　　作为创作者，无论目前身处哪个领域、是否准备转型，都要掌握数据分析的方法和技巧。没有常开不败的花，小众领域也未必没有做出爆款的可能性，创作者不能被表面的繁荣迷惑，而要根据客观的数据制定运营方案。

　　下面简要说明如何分析抖音各细分领域的潜力。分析时要考虑的要素如图 6-2 所示。

图 6-2　分析抖音各细分领域潜力时要考虑的要素

1. 领域大小

　　这里所说的领域大小是指某领域当前聚集了多少创作者。以求职来类比的话，求职者可能同时面对知名大公司和刚成立的小公司，前者的规模、升职空间都很大，而后者的天花板就比较明显了。但是，我们也不能单凭领域大小这一点就得出结论，毕竟生活中也不乏小公司在后期发展壮大的例子。

　　像美食、搞笑等领域，无论放到哪个平台上都属于受众面较广、相关内容比较容易受到用户欢迎的领域，虽然竞争对手比较多，但市场空间非常大，只要运营得当，很可能在短期内就取得成果。当然，也有一些创作者希望初期的竞争压力不要太大，他们选择进入一些相对小众的领域，在短期内取得显著成绩的可能性不太高，毕竟这些领域的市场空间不够大，但只要持续运营，也有可能打出自己的一片小天地。因此，创作者在进入某个细分领域之前必须考虑领域大小这个因素，平衡好潜力与风险之间的关系。

2. 竞争指数

竞争指数对平台上的创作者来说是一项非常重要的指标，这项指标在大众领域内变动幅度不大，但在小众领域中却经常有较为明显的变化。那么，我们应该如何衡量某个领域的竞争指数呢？创作者应该关注图 6-3 所示的几个要素。

图 6-3　影响竞争指数的要素

（1）竞争者数量

假设你在 A 领域有 50 个竞争对手，在 B 领域有 200 个竞争对手，那么 B 领域的竞争压力明显大于 A 领域。不过，换个角度思考一下，如果竞争对手数量过少，则间接说明该领域的热度不够高，市场尚不成熟，所以具体如何选择还要看创作者自己的规划。

（2）内容创作难度

素材少、内容创作难度高的领域竞争激烈程度相对没那么高。不过，虽然这些领域的竞争并不激烈，但运营难度却提高了。例如，制作剧情类短视频就比较耗费脑力，如果同时追求内容质量与输出效率，创作者将面临不小的考验。

（3）运营成本

大多数热门领域的运营成本还是比较低的，爆款短视频之所以受到欢迎，主要还是因为创意十足或引入了一些热门元素等。当然，也有一些短视频需要耗费一定的成本才能完成制作，如产品评测、美食探店等。如果活动地点并不局限于某个城市，创作者还要考虑路费、住宿费等。运营成本越高，竞争指数相对来说就越低。

（4）风险大小

每个领域都有一定的风险，其风险大小与竞争指数一般是反比关系。不过，某些领域虽然风险较大，但非常受用户关注。

3. 发展势头

我们可以将领域的发展势头与竞争指数结合起来进行分析，某些热门领域的潜力虽然很大，入手难度也不高，但其发展势头渐渐显露出了疲态。

例如，汉服是一个小众领域，原本除了资深爱好者并没有多少人关注，但在某段时间却迎来了转折点，从此抖音上与汉服相关的话题急剧增多，市场也得到了充分的开发。发展势头越猛的领域，其竞争指数就越高，大家都想赶在最佳时期去分一杯羹。

综合上述三大要素，创作者应该能够对自己所在的领域或准备进入的领域做出大致的判断。此外，创作者还要多关注头部账号的动向，它们像领头羊一样，可以为其他创作者提供许多方向上的指引。

例如，"会说话的刘二豆"就属于头部账号，其运营手法有许多可圈可点之处，有许多人就是因为该账号的爆红才选择进入宠物领域的。创作者要不定期地分析头部账号的运营情况。就拿粉丝量来说，虽然我们无法掌握十分详尽的账号数据，但公开数据还是可以轻松获取的。以天或周为单位进行测算都可以，最重要的是判断整体情况，粉丝基数大与粉丝涨幅逐渐下滑并不冲突。

大多数头部账号在没有出现特殊情况的前提下，数据都不会有特别明显的变化。例如，今天点赞量还维持在几十万，第二天就掉到几万以下，这对头部账号来说是很不正常的情况。有耐心的创作者可以每天统计头部账号的粉丝量、点赞量等，并按照不同的时间段进行对比，得出自己的分析结果。

如果某些头部账号忽然开始发布一些与其账号定位不符的内容，那么观察到这一点的创作者就必须重视起来。头部账号做出这一举动的主要原因有两个：一是头部账号在当前领域的运营数据在下滑，因此准备发布一些其他领域的内容去试探粉丝的反应；二是出现了更具潜力的新领域，头部账号想要抢占先机。无论哪种情况，这都是很重要的信号，创作者要及时抓住新的机会。

6.3　单条数据：重点指标与优化方法

头部账号的动向固然很重要，但创作者也不能将所有注意力都集中到其他人身上，平时还是要多关注自身账号的运营状态。创作者要注意收集相关数据，并将其作为调整、优化运营方案的依据。

尽管抖音在不断开发新的玩法，但短视频就像搭建房子的砖瓦一样，始终处于核心位置，不可被替代。与短视频紧密联系的各项数据就像我们的考试成绩单，能够直接反映我们的能力、优势与薄弱点。因此，创作者要想向头部账号靠拢，就必须做好数据分析工作，相关指标如图 6-4 所示。

图 6-4　单条短视频数据分析的五个重要指标

1. 点赞量

点赞量可以反映短视频质量的好坏。点赞量与用户喜好是正相关的，如果点赞量一路走低，创作者就必须进行反思。

提升点赞量，说难也不难，说简单也不简单。例如，在快手上比较流行的"求赞"方式就比较直白，出镜者经常会在视频接近尾声时说一句"老铁们记得给我双击"，但这种方式显然与抖音的平台风格并不相符。

面对点赞量较低的情况，创作者可以尝试图 6-5 所示的几种方法。

图 6-5　提高短视频点赞量的常用方法

（1）内容要新颖

这里所说的新颖并不是要创作者制作在抖音上独一无二的短视频，在内容丰富、竞争者数量众多的抖音上做到这一点并不现实。在运营初期参考、借鉴热门短视频是很正常的事情，但在中后期一定要保证内容新颖。如果内容过于大众化，就很难让用户提起兴趣，更不要说让他们点赞了。

（2）制造记忆点

用户对短视频进行点赞，除了表示自己的喜爱、支持态度，有时还有另一个用意——便于记录。很多人看书时会夹一个书签，看到喜欢的内容会抄写或做标记等，某些抖音用户点赞也有类似的目的，他们想要在以后还能轻松地找到这条短视频。创作者可以对内容做出调整，引入能被用户牢牢记住的元素，引导其点赞、收藏。

（3）设定关键词

点赞量不高，除了内容质量可能有问题，还有一个原因，那就是曝光不足。如果创作者能够充分发挥关键词的作用，就可以提高短视频获得系统推荐的可能性。

2. 评论质量

短视频的评论区也是创作者要重点关注的地方，创作者不仅要统计评论量，还要对其总体质量进行评估。单条短视频的评论量一般与粉丝规模相匹配，新视频的评论量有所提升，这些都是正常的现象。如果评论量达标，但大多数评论都是简单的语气词或一个表情符号，那么这其实也不利于账号的发展。

为了从整体上提高评论质量，创作者可以使用图 6-6 所示的几个方法。

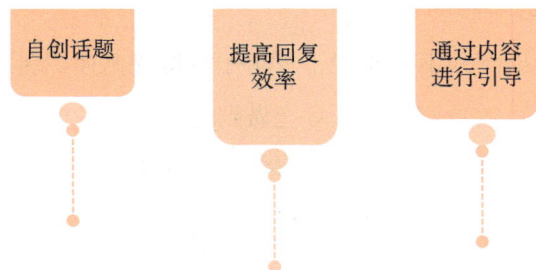

图 6-6　提高评论质量的常用方法

（1）自创话题

对那些尚处于孵化期的新账号来说，获得许多"神回复"基本上是不可能的，但创作者完全可以通过自己创造话题的方式来带动用户，而不是被动地等待用户评论。为了让用户产生讨论的欲望，一定要创造有趣的话题，同时可以适当地加入一些具有争议性的元素。

（2）提高回复效率

在评论量还不是很高的时候，创作者一定要尽可能抓住每一位留言的用户。为了将其转化为自己的粉丝甚至忠实粉丝，回复的速度一定要快。隔一天或更久才收到回复，用户当然会认为创作者的态度很敷衍。

（3）通过内容进行引导

创作者可以在短视频内容中加入一些可能引发互动的小设计，例如，放一些"如果是你，你会怎么做"这样的问题，引导用户发表评论。

3. 转发量

在抖音上，比较容易被用户自发传播的短视频以搞笑类、颜值类居多。对于评测类或探店类短视频，大多数用户都是抱着了解即可的想法，顶多会和其他人口头交流两句。

如果创作者恰好处于前一类领域，那么只要将工作重点放在提升内容质量上就可以了。如果创作者处于后一类领域，可能就需要借助其他社交平台进行引流，或者把内容方向往态度、情感等倾斜。毕竟，引发共鸣也是促使用户自发传播短视频的有效手段之一。

4. 完播率

完播率在过去不太受重视，但现在创作者越来越重视这项数据。抖音短视频的时长大多数还集中在十几秒的区间内，如果用户连看完这短短十几秒的耐心都没有，那么短视频的质量一定不怎么样。

短视频的完播率与内容、时长都有一定的关系。据统计，15~20 秒的短视频的完播率比较高。对新手来说，创作处于这个时长区间内的短视频难度不算太高。时间越长，内容越充实，需要考虑的细节就越多，创作难度也就越高。

归根结底，要想优化完播率这项数据，还是要努力提升内容质量。如果用户被短视频吸引，自然会从头看到尾，还有可能反复看好几遍。

5. 粉丝涨幅

很多新手对粉丝涨幅这项数据不太关注，他们的评判标准非常简单：今天涨了 10 个粉丝，明天又涨了 15 个粉丝，就说明自己是有进步的。从某个角度来说，这的确是一种进步，但还需要结合短视频的播放量做判断。

假设创作者创作了一条爆款短视频，播放量高达几十万，但新增粉丝量仍然停留在十几个这样的水平，这就太不正常了。这只能说明创作者在引流方面做得太差了，白白浪费了这些流量。

别看这五项数据非常基础，要想将每一项数据都优化到位，创作者需要投入不少精力。创作者不要试图一口气改善所有数据，而要由易到难一个一个地优化。

6.4　推广数据：追加投放或放弃投放

许多创作者在账号发展进入正轨之后，眼界会变得更加开阔，而且会在推广引流方面投入更多的精力与费用。创作者要想获得符合心理预期的推广效果并尽可能提高性价比，就一定要找准那个关键的临界点。

以长跑比赛来说，每个人在比赛的过程中都会产生疲惫的感觉，都会达到某个临界点，那是一种相对消极的状态，体现为呼吸急促、身体不适感很强等。不过，每个人达到临界点的时间不一样，有的人能克服它并继续跑下去，有的人则很难克服它，跑步速度会越来越慢。

在做推广时，创作者也会面临这种情况。不过，与跑步相比，创作者需要考虑的因素更多。如果摸不准临界点，后续的一系列判断就可能出现失误。例如，推广的效果其实并不好，继续追加投入也难以发挥积极作用，但创作者认为继续追加投入可以扭转局势，这会使创作者浪费更多的资金和资源。

创作者选择做推广主要是基于两个原因：一是获得更多的流量，二是提升转化率。对于前者，影响临界点的主要因素是短视频的播放量、互动量及粉丝量涨幅；对于后者，影响临界点的主要因素是销售额与成本（见图 6-7）。

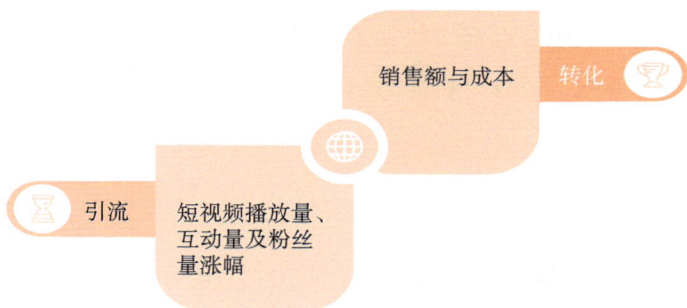

图 6-7　影响临界点的主要因素

在做推广时，如果各项数据增长都比较明显，短视频整体热度呈现节节攀升的势头，而且粉丝量也在迅速增加，那么创作者最好继续追加投放。错过追加的最佳时期，增长趋势可能就会扭转。不要小看数据的微小变化，一个数值差异就有可能导致账号获得不同等级流量池的待遇。如果推广的效果并不好，那么创作者也不必过于执着，果断放弃或寻找下一个"潜力股"才是正确的做法。

一般来说，希望引流的大多是个人号，而企业号则更重视带动产品的销售。不同的商家所运营的产品、承担的成本都不一样，因此并不存在一个固定的临界点，但至少要做到让营业额高于推广费用，否则一定会发生亏损。总之，创作者如果希望通过付费推广获得最好的效果，就必须重视数据采集和分析工作，并根据数据做出决策。

如果创作者想要尽可能降低付费推广的风险并实现回报最大化，就要注意以下事项。

1. 保持理性

身处商业社会的人必须具备理性思维，至少要让理性思维占据上风。假如创作者在做推广时被一时的胜利冲昏头脑，没有慎重考虑就加大投放力度，就很可能遭受巨大的损失。还有一种情况是，创作者看到数据暂时没有什么变化，就想要退缩、放弃。这些行为说明创作者还不够理性，其数据思维也不够强。数据分析能力越强，创作者心里就越有底，也就更容易保持理性。

2. 注意数据时效

每一位创作者选择的推广时长都不一样，但无论是几小时还是几天，创作者都必须掌握最新的数据，而不能使用已经失去分析价值的过期数据。当然，有时创作者需要利用早期数据制作可视化的走势图，但这与采集新数据并不冲突。

3. 选择最优渠道

抖音上有许多推广渠道，外部的推广渠道则更加多样化。不同的渠道在价位、优劣势等方面都存在差异，创作者要根据自身的情况合理选择。如果选择单一渠道，那么创作者所面对的问题相对来说会少一些，毕竟渠道少意味着创作者的精力不会过于分散，数据量也不会很大，更容易进行统计、分析与决策。

不过，也有很多创作者选择多渠道同时推广，虽说这样做会使成本大幅度增加，但也更容易实现既定目标，因为曝光量会更大。此时，创作者就要考虑渠道的最优组合问题了，最好让不同渠道之间实现某种互补。

4. 避免犹豫不决

在临界点足够清晰、数据参考性足够强的情况下，如果创作者还是犹豫不决，就会贻误战机。在火势正旺的时候加一把柴能让火烧得更旺，在火势渐弱的时候再加柴效果就不是那么好了。在应该果断抽身的时候，创作者如果还抱着"再等一等""万一有好转呢"这种想法，就很容易陷入被动。

例如，原本只会损失 2000 元，但创作者不愿放弃，继续追加，损失的金额就有可能翻倍甚至更多。谨慎思考并没有错，但也要把握好度。

5. 制定预算方案

这里说的制定预算方案是指在超出预算的情况下，如果相关数据表明推广潜力巨大，我们究竟应该怎么做。其实，超出预算不多的话，对创作者来说仍有一定的操作空间；但超出预算过多的话，创作者就要好好权衡投入与回报了。

究竟是继续追加，还是抽身离开？决策的主要依据还是数据。当然，创作者自身是否具备较强的预测、判断能力也很重要，有些账号走红看似是因为运气好，其实是因为背后有强大的能力作为支撑。

6.5　灰度测试：通过先期测试提升出"爆款"的概率

如果你有预知的能力，提前知道短视频 A 可以成为爆款，而短视频 B 不会成为爆款，那么你一定会选择将推广费用都投入在前者上面。然而，在现实世界中，创作者在判断哪条短视频更有潜力时还是要依靠现有的数据。

不同的创作者有不同的运营思路，但所有创作者都希望做到两件事：一是打造更多的爆款，二是在打造爆款的过程中尽可能地降低风险（见图 6-8）。

尽可能地降低风险

打造更多的爆款

图 6-8　所有创作者都希望做到的两件事

抖音上的爆款无外乎短视频与产品两大类，前者的可操作空间比较大，后者的局限性相对来说比较明显。创作者借助相关数据评估视频或产品成为爆款的潜力之后，一方面可以明确自身当前的实力，判断最佳的运营方向，另一方面可以针对"潜力股"采取各种措施，提升其成为爆款的概率。

如果是短视频，创作者就应该将目光锁定在五项关键数据上，而不应该将精力分散到其他地方。将五项关键数据调整到最优状态虽然不能保证该短视频一定成为爆款，但进入更大的流量池还是很容易的。

另外，在做数据分析的时候，创作者也要注意收集竞品数据与所处领域的标准数据，以提升分析结果的精准度。在不看大环境的情况下，有时候我们觉得自己进步了，找到了"潜力股"，但实际上却并非如此，因为只要看看标准数据就能发现自己与头部账号之间的差距。

针对短视频做初期测试时，如果创作者抱着打造爆款的想法，就要把重心稍稍往转发量、互动量倾斜。前者相当于零成本推广，其效果越好，回报就越大。

测试产品的方式通常比较直接，效果也比较容易展现，不过有经验的创作者不会直接进入大批量测试的环节，而是会先列出一个参考价值较高的产品名单。

无论创作者打算自行研发产品，还是想要在相关领域进行选品，最好都先通过前期的数据分析缩小测试范围（见图 6-9），这是因为：测试量越大，成本就越高；测试量大容易导致创作者难以统一测试方向，工作量也会因此而增加。创作者可以借助平台数据敲定测试名单。

图 6-9　缩小产品测试范围的原因

就爆款产品而言，最直观的评价标准应该是其产生的订单量。但对那些尚未成为爆款的产品来说，直接用转化率进行评价显然并不现实，此时创作者需要分析产品的热度提升幅度。如果某产品经过各种推广后，热度依然没有出现上升势头，创作者就不应该继续在该产品上耗费精力了。比起奇迹，创作者更要相信数据。

在进行先期测试的时候，创作者手中应该已经有了初步的测试名单，而名单上的短视频或产品或多或少都具备成为爆款的潜力，只不过潜力大小有所不同。在对它们进行测试的过程中，创作者要遵循图 6-10 所示的原则，这样才能顺利地完成测试工作。

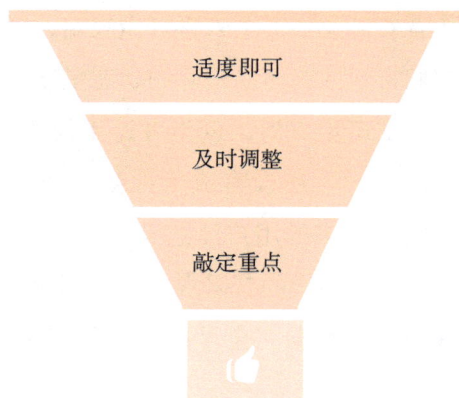

图 6-10　做先期测试时要遵循的原则

（1）适度即可

适度即可的意思是不要一次性投入太多，最好使用相对保险的小额试错模式，毕竟无论预算是多还是少，能省还是要省的。这种模式操作起来比较简单，以短视频为例，如果创作者推广一两天后，发现各项数据都在上升，而且增加的粉丝多为精准粉丝、优质粉丝，就可以对该短视频多留心。不过，一两天的涨幅并不能证明什么，创作者要拉长时间继续观察，给自己留一条后路。

（2）及时调整

创作者进行先期测试而不是立刻选定目标是因为不确定性太强了，可能某个"潜力股"在测试阶段的状态并不算好，而原本没被寄予希望的短视频或产品却在测试过程中大放异彩，这些都是可能会出现的情况。做小额测试其实就是在为这一步做铺垫。创作者要灵活应对各类情况，不要执着于最初的目标，而要根据测试情况及时调整方案。

（3）敲定重点

在测试工作接近尾声的时候，很多问题的答案已经浮出水面，例如，哪个是最具潜力的，哪个是需要继续发力的，哪个是应该立刻淘汰的。创作者要避免根据个人喜好做决定，爆款的受众是用户，创作者要做的是将他们喜欢的东西以最好的状态呈现出来。

敲定重点后，创作者还不能松懈，毕竟筛选出来的只是具备成为爆款的潜力，还没有成为爆款。创作者一方面要培养这些"潜力股"，使其能被更多的用户注意到，另一方面也要思考其所处的领域、风格特点等，揣摩用户的新需求。虽然创作者并没有预知能力，但以当下的技术条件而言，数据完全可以承担预言家的角色，指引创作者向着正确的方向前行。

【工具】　实用抖音数据监测、分析工具

过去，收集数据往往没那么快捷、高效，分析数据时只能借助不多的几款软件。不过，现在可供创作者选择的工具已经非常丰富了。创作者不仅要了解这些工具，还要能熟练操作其中的一两种，否则在数据分析这个环节就会落后于竞争对手。

某些头部账号的运营团队里就有专门做这项工作的成员，他们往往对这些智能化工具的操作方法十分熟悉，得出的分析结果也更具有参考价值。下面简单介绍一下当前比较实用的数据分析工具。

1. 飞瓜数据

飞瓜数据所覆盖的短视频平台并不是最多的，不过其套餐费用比较便宜。对创作者来说，飞瓜数据就像某个学科的教科书，覆盖面不够广，当前更重视电商行业的数据。抖音上的电商群体正在日益扩大，此方面的市场需求也很多，所以飞瓜数据对这类群体而言很有价值。

飞瓜数据有一个面向所有创作者、实用性较强的功能——提供各种类型的素材。创作者可以通过这个功能在第一时间找到流行的音乐、热门的视频。

2. 抖查查

抖查查在数据分析方面非常专业，所统计的数据也很详细。创作者不仅能通过定时更新的榜单看到头部账号的涨粉情况，还能看到掉粉数量。此外，抖查查比较重视数据之间的对比，创作者可以清晰地看到账号的真实运营状态。

就算不想查看那些头部账号，而是想分析一下与自己实力相当的竞争者的运营情况，创作者也可以使用抖查查，而且成本很低。抖查查会为每

个账号计算一个账号指数，用来计算该指数的指标主要包括短视频的几项重要数据、权重等。账号指数越高，账号的竞争力就越强。

另外，抖查查也有不同等级的付费套餐。抖查查有一个特色，等级越高的套餐，数据统计频率就越高，最短的更新间隔只有 5 分钟，这对粉丝量较大的账号的运营者来说非常有用。抖查查也有免费套餐，但功能较少。

3. 新榜

新榜聚集的创作者比较多，不过其数据分析能力不是特别突出，它是一个综合性的平台。新榜有一个突出优势就是采用可视化的方式展示数据，颜色搭配也令人感到舒适。

如果创作者在抖音上用 DOU+ 做了投放，也可以同时使用新榜，因为它能让 DOU+ 投放进程更加透明，创作者可以看到各项投放数据的实时变化，以此判断是否需要追加投放。企业号或有自建品牌打算的创作者可以在新榜上查到各大品牌的运营情况及热门产品的转化率等。总之，新榜的功能与其他数据分析工具相比虽然显得有些分散，但适用范围还是很广的。

第 7 章

发展矩阵：
批量打造、主次相辅、分散风险

在抖音这样的短视频平台上，构建发展矩阵对创作者来说至关重要。通过批量打造、主次相辅和分散风险等运营手段和技巧，创作者可以更有效地管理自己的账号，提升内容的质量和影响力，同时降低运营风险，实现更长远的发展目标。

7.1　质疑矩阵：矩阵一定贴近劣质流量吗

在抖音上，建立矩阵是指同时运营多个账号，形成一个账号群，其目的是扩大品牌或 IP 的影响力。这种运营手法可以增加内容的覆盖面和曝光量，提高品牌或个人的知名度。

然而，如果矩阵运营方式不当，就可能造成劣质流量的问题。一些创作者通过机器刷量等手段来快速增加曝光量和粉丝量，这会导致平台数据失真、劣质流量泛滥。劣质流量不仅会降低用户体验，还会打击其他用户的创作积极性。

劣质流量常常与图 7-1 所示的三个方面的问题相伴而生。

图 7-1　与劣质流量相伴而生的三个问题

1. 机器刷量

机器刷量是指使用自动化工具或机器模拟真实用户的行为，如发布评论、点赞和关注，以增加内容的曝光量和互动量。这种行为会导致平台数据失真，使优质内容被埋没。

举个例子，有一款名为"××刷粉大师"的软件声称可以快速增加粉丝量和点赞量。该软件可以模拟真实用户的行为，如自动关注、点赞和评论等，从而快速增加账号的曝光量和粉丝量。但实际上，这些粉丝和点赞都是机器刷出来的，并没有真实的用户参与。

机器刷量不仅会扭曲相关数据，还会对其他用户的体验造成负面影响。例如，有些用户可能会因为机器刷量带来的出色数据而误以为自己的内容很受欢迎，进而花费更多时间和精力制作类似的内容。但实际上，这些内容可能并没有多大的吸引力，粉丝看到这些内容后只会感到失望和不满。

2. 恶意评论

有些用户可能会在抖音的评论区发布恶意或违规内容，这些内容不仅会破坏抖音的社区氛围，还会对其他用户的体验造成负面影响。例如，有些用户发布具有攻击性或侮辱性的言论，或者在评论区发布低俗或不当内容。

3. 假冒伪劣

有些用户会发布涉及假冒伪劣产品的内容或侵权内容，这些内容会侵害其他用户的合法权益。例如，有些用户盗用其他人的创意或知识产权来制作广告，或者发布虚假信息以骗取其他用户的信任和关注。

为了应对劣质流量，抖音采取了一系列措施，包括：加强数据监测和反作弊机制，通过算法识别和人工审核过滤垃圾内容和恶意行为；对违规账号和内容采取相应的处罚措施，如限制曝光、删除内容或封禁账号等；鼓励用户举报违规行为，共同维护健康的平台环境。

抖音矩阵不一定都有劣质流量的问题，但如果创作者进行不当操作或过度营销，就有可能造成劣质流量的问题。

一方面，创作者通过多账号运营，可以有效地扩大品牌或个人的影响力，这种做法本身并不会导致劣质流量的问题。但是，如果创作者过分追求快速提升影响力，就可能会采取一些不正当的手段，如机器刷量等，这会导致数据失真，进而造成劣质流量的问题。

另一方面，劣质流量的产生也可能与内容的质量和创作方式有关。一些创作者为了追求流量和关注度，可能会发布低质量、无意义或引人注目的内容，这些内容往往会成为劣质流量的来源。

7.2 理解矩阵：打造账号矩阵的好处

上线初期的抖音所吸引的用户大多是短视频创作爱好者，但随着抖音商业潜力的逐步释放，入驻平台的用户性质也慢慢地发生了改变，从单纯的、不以营利为目标的创作者变成了专业的创作者。这种改变无疑证明了抖音的迅猛发展与巨大的商业潜力，但同时也为新入驻的创作者与尚未改变思路的创作者带来了更大的竞争压力。为了避免让自己陷入被动，创作者必须了解、学习矩阵运营模式。

矩阵运营模式主要适用于以抖音运营为主业、想要借助抖音完成变现的创作者，普通用户只需了解即可，企业号则需要完全掌握。那么，究竟什么才算是矩阵运营？这种模式可以为创作者带来哪些优势呢？

举个例子，你原本只开了一家餐厅，一段时间后又在其他地方开了一家咖啡店，过了两年又开始进军培训行业。如此一来，你手下的产业至少分为三类，运营难度提升的同时运营收入也会大幅度增加。不少大公司也采用矩阵运营模式，如宝洁公司，其涉足的产业十分多元化。

想在抖音上打造矩阵的创作者并不少，但很大一部分创作者对矩阵的认识还停留在非常浅显的层面上，不了解其真正的优势和作用。矩阵运营模式的优势如图 7-2 所示。

图 7-2 矩阵运营模式的优势

1. 内容多元化

内容多元化主要表现在两个方面：一是短视频内容的多元化，创作者可以通过短视频展现不同的内容，以此提升用户对账号的兴趣；二是跳出平台，面向更广阔的外部环境，以其他形式如文字、图片等展示内容。

许多百万级头部账号的定位很清晰，但其运营团队也在慢慢调整内容创作的方向。之所以要做出这种调整，一是因为长时间输出同类内容，很容易出现素材不足、灵感耗尽等问题，特别是搞笑类、剧情类账号；二是因为粉丝的心理会发生变化，再美味的食物，也不能长年累月地吃，创作者必须不定时地调整"菜色"，这样才能留住粉丝。

2. 引流效果显著

在流量等同于价值的时代，创作者每天除了要思考短视频的内容，还要与团队成员讨论如何才能获得更好的引流效果。就上升空间而言，成长期的新账号无疑更具优势，因为账号的成熟度越高，涨粉速度就越慢，这也是创作者常常提到的所谓"瓶颈期"。

这也是许多看似风光无限的头部账号都采用矩阵运营模式的原因（见图 7-3）。在同领域众多新人来势汹汹的包围下，如果不想办法提升引流效果，账号的发展速度就会放缓，各项数据也会一步步下滑。100 万粉丝在抖音上算多吗？答案是肯定的，但如果在长达几周甚至几个月的时间

突破账号
瓶颈期

优化数据

提高账号
竞争力

图 7-3 头部账号采用矩阵运营模式的原因

内，该账号仍然没有新鲜血液注入，它就只能拥有一个短暂的百万粉丝头衔了。

在掌握矩阵布局技巧的前提下，矩阵运营模式的引流能力是十分强大的。即便是最基础的站内布局形式，也能使处于瓶颈期的账号成功实现突破。

3. 运营风险降低

或许会有人问，抖音的监管重点主要还是放在短视频的内容上，如果一条视频未通过审核，重新做一条不就好了吗？如果只是这样，确实不会对创作者产生很大的影响，但人们常说居安思危，谁知道将来不会遇到风险更大、结果更严重的问题呢？比如封号。

对粉丝寥寥无几的新号来说，封号也许算不上什么大问题。但是，如果百万级别的账号被封号呢？在没有开通其他账号，也没有建立外部沟通渠道的情况下，一旦账号被封，就等于直接断掉了与百万粉丝之间的联系。

在这种情况下，创作者就不要寄希望于重新建号引流了，因为这和重置手机操作系统完全不一样，创作者能够找回的粉丝在最理想的情况下可能也只有原先的三四成。如果创作者事先做好了矩阵布局，即便处于最艰难的境地，仍然有翻身的可能性。账号做得越成功，创作者就越要具备风险意识与抵抗风险的能力。

4. 商业潜力增强

头部账号大都具备较强的变现能力，而原本就置身于商业环境的企业号的创作者更重视这个方面。采用矩阵运营模式之后，创作者在做推广宣传的工作时将更加高效。

首先，对于新用户，创作者可以通过多账号、多平台的矩阵式宣传来提高相关产品或品牌的知名度。其次，矩阵运营模式辅以适当的引流策略，账号的变现能力也有可能变得更强，账号的商业潜力也会变得更大。对个人号而言，转化率高意味着创作者有可能获得更多与品牌方合作的机会。

7.3　成为矩阵：建立账号矩阵的基本玩法

某些创作者虽然懂得如何运营好一个账号，但并不熟悉建立矩阵的技巧。本节将介绍这方面的内容，帮助创作者更高效地打造自己的矩阵。

现在，抖音上的矩阵玩法已经很丰富了，比较常见的几种玩法如图 7-4 所示。

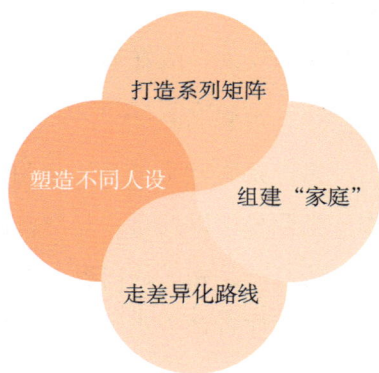

图 7-4　抖音矩阵的常见玩法

1. 打造系列矩阵

大型企业比较适合采用打造系列矩阵这种玩法，毕竟这些企业旗下肯定不会只有一个品牌，只注册一个企业号不能满足其需求。某些专门培养达人的 MCN 机构在使用这种玩法时也具备很大的优势。当然，达人的数量不能太少，否则无法取得较好的效果。

MCN 机构选择这种玩法的原因在于系列矩阵能够更加高效地打响机构的名气。例如，MCN 机构的账号可以频繁发布与达人相关的短视频，而达人的账号在输出原创内容的同时可以与前者配合，如转发、宣传 MCN 机构的最新消息等。

要想让系列矩阵更好地发挥作用，创作者还要注意以下几点。

（1）账号具有一致性

矩阵的优势说白了就是"人多力量大"，如果账号的数量足够多，却无法让人产生"它们是一个团队"的印象，就说明创作者在建立矩阵时出现了很严重的问题。

要想使矩阵中的账号具有某种一致性，创作者至少要做好以下两件事。首先，头像虽然不用像某些培训机构下属员工的账号头像一样都是齐刷刷的职业装，但至少也要体现企业或品牌的某些特征；其次，名称要符合统一的规则，最好带上企业或品牌的名称。

（2）内容创新

无论是否建立矩阵，入驻短视频平台就必须做好内容创新方面的工作。企业号可以发布一些与自己有合作关系的达人的相关内容，也可以发布一些与产品相关的内容，但内容一定要有趣、有新意。绝大部分用户并不在意创作者是否花了很多心思打造矩阵，他们只在意账号发布的内容。

（3）在独立与联合之间取得平衡

矩阵中的不同账号要联合起来，这样才能使矩阵真正地发挥作用，但与此同时也要保证账号具有一定的独立性，因为用户并不希望在不同的账号中看到相同或非常相似的内容。创作者要好好思考应该怎样做才能在独立与联合之间取得平衡。

2. 塑造不同人设

打造独特人设在抖音上是一种非常流行的玩法，有些人会在现实身份的基础上打造新人设，还有人会直接设定一个涵盖流行要素、符合时代潮流的人设。无论创作者选择哪种塑造人设的方式，都要将其与矩阵融合起来，因为这几个采用不同人设的账号需要高频互动，如果人设之间没有任何交集，矩阵就很难做大、做好。

在这种玩法下，创作者会打造不同的人设，但几个账号之间或多或少会有一些关系。以游戏《恋与制作人》为例，其运营团队在微博上打造了一个矩阵。官方号主要用来发布消息，游戏中的几大男主角都有独立的账号。虽然这些游戏人物是虚拟的，但创作者牢牢把握着人设的特点，让不同的账号以恰当的方式开展互动。

在抖音上，创作者塑造账号人设无疑更加便捷，因为视频比文字更容易让用户感受到人设的特点。创作者要注意以下两点：第一，账号之间要以协调的方式进行互动，不能割裂账号之间的关系；第二，确定账号人设并正式开始运营之后，就不能轻易改变人设，否则很容易让用户感到困惑。

3. 组建"家庭"

组建"家庭"的意思是让不同的账号之间建立某种亲密关系，像父母与子女、兄弟姐妹这样的关系在抖音上是十分常见的。此外，情侣、同学、同事这些关系也是可以使用的。这种玩法的优势在于账号之间的互动显得更加自然，互动方式也更加多样化，引流效果相对来说是比较显著的。

4. 走差异化路线

走差异化路线也是抖音上十分常见的矩阵玩法之一。相比于上述几种玩法，该玩法比较容易操作。这种玩法的优势在于能够有效避免粉丝流失，还能通过呈现与主账号具有明显差异性的内容来提升粉丝的活跃度。

这里所说的新颖并不是以整个平台为参照的，而是相对于主账号来说的。例如，主账号主打美妆评测，次账号 A 主打美食探店，次账号 B 主打旅游攻略，这就是差异化的一种体现。但创作者也要谨慎选择，不能一味地关注热门领域，还要问自己几个问题：我和我的团队是否熟悉该领域？该领域能否产生经济效益？竞争激烈不激烈？要将这些问题都考虑清楚才能做差异化定位，毕竟运营次账号也需要耗费成本与精力。

7.4 养号教程：要协同账号，不要"僵尸账号"

抖音的矩阵布局形式主要分站内、站外两种，从任何一种开始做都可以。大部分人会选择先在站内做起来，也有一部分人选择站内、站外协同发展。某些创作者采用了错误的站内布局方法，只有数量却没有质量，对主账号没有任何帮助，这样做只是在白白浪费宝贵的时间。

矩阵布局需要数量吗？当然需要。矩阵中的账号越多，对创作者来说就越有利。然而，如果矩阵中的很多账号都是"僵尸号"，就要另当别论了。打造矩阵并不是什么面子工程，其中的账号一定要能给创作者带来价值。

下面简单分析一下"僵尸号"的弊端，具体如图7-5所示。

图7-5 "僵尸号"的弊端

（1）难以获得推荐

众所周知，抖音会为新账号提供一定的流量支持，但如果账号被判定为"僵尸号"，就不能获得这种支持了。也就是说，当创作者通过该账号发布新的短视频时，播放量将会非常低。在缺少平台支持的前提下让短视频上热门，概率几乎为零。

（2）引流效率低下

如果账号发布的短视频根本没多少播放量，即便创作者通过付费渠道为其增加热度，效果也不会很好。一般来说，"僵尸号"并不具备引流的能力，只有经验欠缺的创作者才会把精力放在复活"僵尸号"上。

（3）无法带来价值

短视频没有热度、粉丝增长速度非常缓慢，单是这样就足以说明该账号几乎无法为创作者提供价值，从某个角度来说，甚至可以说它会变相地增加创作者的负担。

了解了"僵尸号"的弊端之后，创作者要做的就是避免养出"僵尸号"，多培养优质号，以此加快矩阵布局的速度。那么，如何养号才能使账号变得更健康呢？创作者可以运用图7-6所示的几个技巧。

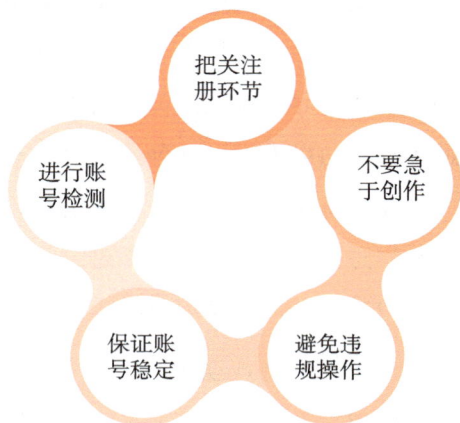

图 7-6　抖音养号的技巧

（1）把关注册环节

养号这项工作并不是在账号注册完成后才开始的，事实上，从注册环节开始就要留意了。首先，抖音目前已经不支持用一个手机号注册多个账号了。其次，虽然创作者是以打造矩阵为目的去运营次账号的，但也要明确次账号与广告号之间的区别，不要在一开始就明晃晃地打广告。

在填写账号信息的时候，创作者要做到每一项都正确填写，没有漏项。账号信息的完整度越高，其权重往往越高。这里说的"正确填写"是指昵称、年龄、所在地等信息要与主账号形成配合，并且符合矩阵布局的整体思路。

（2）不要急于创作

许多创作者在注册账号后立刻开始创作、发布短视频。但是，这种做法非常不利于养号，很容易使其被判定为不良账号。无论创作者的创作能力如何，都不要急于在账号刚注册好的前几天展示这种能力，而要沉下心来，先关注几个自己感兴趣或与自身定位相符的账号，不过数量也不要太多。

有些创作者虽然真的是亲自操作，但种种行为却像一个机器人：在短短几分钟内关注大量账号，高频率地在短视频下方刷简短的回复或直接发一个表情符号，做完这些以后迅速下线……就算平台不介入，只是站在普通用户的角度来看，这种行为也算不上正常。

要想避免自己的账号被系统判定为不良账号，创作者就要先像普通用户一样进行正常的操作。不过，只是关注了一些账号，却没有与之互动的话，对养号来说也是很不利的，因此创作者也要适当地去点赞、评论。

（3）避免违规操作

违规操作会给账号带来多大的伤害，想必各位创作者心里都有数。从某个角度来看，"僵尸号"其实和被封账号差不多。创作者不要心存侥幸，更何况抖音监管力度日益增强是每一位创作者都可以感受到的。

下面简单介绍一下养号期间比较容易发生的违规行为（见图 7-7）。首先，硬广肯定会被系统轻易地查出来，用新号打广告是非常不明智的行为；其次，在视频或头像中出现其他平台的水印是不被允许的；最后，付

图 7-7　养号期间容易发生的违规行为

费刷量也是不允许的，被检测出来的话，惩罚力度很大。

（4）保证账号稳定

站在普通用户的角度，大多数人在正常状态下应该都会用自己的手机刷抖音，而不会今天用苹果手机、明天用安卓手机。抖音有能力检测账号的登录设备，如果登录设备变化过于频繁，系统就会提示异常。

另外，创作者如果已经组建了团队，最好安排一位团队成员专门负责新号的运营，这位成员要做的就是用固定设备刷短视频、增加在线时长，不过也不需要全天在线。新账号刚注册好的前几天是非常关键的，创作者必须在这几天里保证账号不出现任何异常，否则将前功尽弃。

（5）进行账号检测

前几天的养号工作已经做得比较到位，准备发短视频的时候，不少创作者可能会犹豫：账号是否真的进入正常状态了？现在到了发布短视频的时候吗？需不需要再养几天？单靠猜测确实无法得出可靠的结论，创作者可以通过正规渠道进行验证。

创作者可以进入官方认证的界面，如果能够正常打开，就说明账号目前的状态比较稳定，反之则需要再养几天或换一个号。在不是特别确定但确实已经用心养了几天号的情况下，创作者也可以发布一条短视频试试。当然，内容不能过于敷衍。如果短视频在一定时间内的热度处于正常范围内，创作者就可以放心地进行后续操作了。

矩阵运营模式带来的必然是多个账号之间的协同运营，创作者的负担肯定会增加。如果能取得不错的效果，那么这样做肯定是值得的。那些缺乏矩阵运营经验的人时常感到格外疲惫，而且看不到什么明显的回报，这是因为他们没有掌握主次账号协同的技巧。

如果主账号的成熟度还不太高，而且运营团队的力量尚不充足，创作者就要注意：无论想开发多少个次账号，都不能让账号定位呈现"开花"

的状态，即账号定位五花八门，账号之间毫无关联。

前文介绍了差异化矩阵玩法，其运营难度并不低。如果自身条件不足，创作者贸然决定采用这种矩阵布局形式，就很有可能在后续的运营中反复质疑自己的决定。试想，运营团队只有两三个人，但主次账号的差异性却非常明显，即便每一位成员专门负责运营一个账号，大家也会因为无暇处理其他事务而感到非常疲惫。

在开展矩阵运营的过程中，一定要避免的就是捡了芝麻、丢了西瓜。如果次账号还没有进入高速发展状态，而主账号又出现了粉丝流失的情况，那么创作者的处境就非常不妙了。为了避免出现这种情况，创作者一方面要根据自己的实际情况进行矩阵布局，另一方面也要了解常用的主次账号协同方法，具体如图7-8所示。

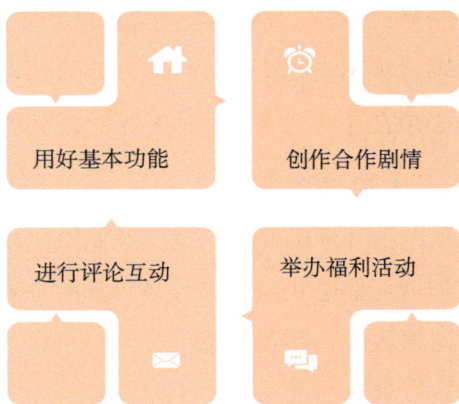

图 7-8　常用的主次账号协同方法

（1）用好基本功能

创作者在开发新玩法之前，首先要用好抖音的基本功能，无论其效果是否显著，至少是零成本，创作者一定不能忽略这些功能。我们主要会用到关注、点赞等功能。

多数主账号的关注列表中都不可能只有一个账号，但也不会特别多，处于个位数到两位数之间是比较正常的。如果主账号忽然多关注了几个账号，细心的粉丝很快就会发现。当然，如果是那些在初期就已经做好了矩阵规划、关注数为零的账号，这种变化就更明显了，也更易引起粉丝的好奇，他们肯定非常想看看那个新账号到底怎么样。次账号尽量不要关注其他无关账号，否则很容易为他人引流。

前文提到过抖音点赞功能的特殊性，即可用来收藏短视频，主次账号之间也可以通过这种方式彼此引流。在初期，还是主账号的引流效果更好一些，创作者可以用主账号多为次账号的优质内容点赞，以此提升次账号的曝光量。此外，创作者可以直接在主账号的简介中加入次账号的名称。主账号的粉丝量越大，引流效果就越显著。

（2）创作合作剧情

主次账号如果采用家庭矩阵玩法，那么创作合作剧情就显得比较自然了，主账号的引流效果一般也比较好。目前在抖音上比较流行的是搞笑类短视频或反映社会热点问题的剧情类短视频，高颜值组合的剧情类短视频流行度略微下降，但往往能获得较高的点赞量，这几类短视频为次账号引流的效果都不错。

抖音上曾经非常流行"土味情话"相关内容，许多以男女搭配为特色的账号就抓住了这个机会。事实证明，整体质量较高的内容与高颜值这个元素结合在一起，的确非常容易将用户带入剧情。

（3）进行评论互动

对粉丝基数较大的账号来说，评论也有很高的价值。越靠前的评论，就越容易得到用户的关注。如果次账号经常出现在主账号评论区的前排位置，就不愁没有流量了。然而，抖音的评论区置顶功能并没有全面开放，因此拥有权限的创作者一定要充分利用这项功能为次账号引流。

如果次账号发布的内容足够有趣，那么用户就会自发地点赞将其顶上来，但创作者也要注意让主账号与次账号进行适当的互动，以此吸引粉丝的关注。

（4）举办福利活动

福利活动很受粉丝的欢迎，创作者可以通过"评论区抢楼送礼品"等形式为粉丝发福利，不过一定要注明参与条件——粉丝必须同时关注主次账号。

一般来说，计划采用矩阵运营模式的运营团队应该已经有了一定的经济基础，所以在礼品方面不宜太过吝啬，可以结合主次账号的定位选择礼品。虽说肯定会有人在活动过后取消关注，但从总体上来看回报肯定大于投入。

开展主次账号协同运营的注意事项如图 7-9 所示。首先，创作者要保证每一个次账号都独具特色，同时账号之间要有某种联系，只有这样才能保证账号之间的互动具有合理性。其次，某些创作者在做矩阵布局的过程中可能会迷失方向，

不要让次账号的风头盖过主账号

次账号独具特色，账号之间有联系

图 7-9　开展主次账号协同运营的注意事项

导致次账号的风头盖过了主账号，这是一种从表面上看起来数据很漂亮但实际上非常不合理的运营状态，一定要避免出现这种情况。

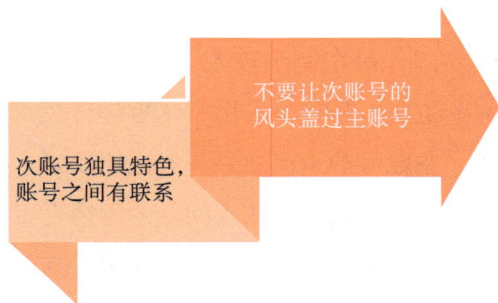

主次账号之间的关系就像班主任与学生，二者都是独立的个体，但又必须合作。学生可以不断提升自己的能力，但其地位不能超过班主任，否则班级秩序将不复存在。

7.5　私域转化：矩阵运营的终极秘密

私域流量是指企业或创作者在自己的平台上积累的用户，这些用户对企业或创作者有一定的认知和信任基础，因此转化率较高。

私域流量对企业或创作者的重要性不言而喻。首先，私域流量具有成本低、转化率高的特点。相比于公域流量，私域流量获取成本低、用户黏性高、转化率高。其次，私域流量可以反复利用，有利于持续变现。通过

精细化运营和管理，企业或创作者可以将这些流量有效地转化为实际的销售业绩。最后，私域流量有助于企业或创作者构建自己的品牌或 IP。通过长期的运营和积累，企业或创作者可以打造出独特的品牌形象和口碑，提升自身的竞争力。

私域转化与矩阵运营的关系非常密切，主要体现在以下两个方面。

（1）私域流量是矩阵运营的基础

私域流量是企业或创作者在自有平台上积累的用户资源，而矩阵运营的目标之一就是对这些私域流量进行有效的转化和利用。

（2）矩阵运营有助于私域流量的增长和转化

企业或创作者可以通过矩阵运营吸引更多的潜在用户关注和了解自己，实现私域流量的增长，增强用户的参与度和互动性，促进私域流量的转化和利用。

为了让私域流量得到有效转化和利用，企业或创作者需要制定具体的策略和实施步骤。

（1）建立私域流量池

企业或创作者要在抖音上建立自己的私域流量池，具体方式包括创建企业账号、发布优质内容、与粉丝互动等。只有让账号具有强大的吸引力，才能吸引更多的目标受众成为铁杆粉丝。

（2）精准定位目标受众

企业或创作者要了解目标受众的兴趣、需求和偏好，为他们提供有价值的内容或产品。通过数据分析工具，企业或创作者可以深入了解粉丝的行为和喜好，从而制定更加精准的营销策略。

（3）提供优质内容

企业或创作者要发布高质量、有趣、有用的内容，以此吸引用户；同时，要确保内容与品牌形象相符，以增强用户的信任。

（4）强化用户互动

企业或创作者要积极与粉丝互动，认真回复评论、私信。这不仅可以增进与粉丝的关系，还可以提高粉丝的忠诚度。此外，可以定期举办活动，如抽奖、问答等，以激发粉丝的参与热情。

（5）实现流量变现

当私域流量积累到一定程度时，企业或创作者可以考虑将流量变现，具体方式有直播带货、推广合作、品牌广告等。但要注意，变现方式要与企业或创作者的形象及目标受众相符。

此外，企业或创作者还要定期分析数据，了解私域流量的来源、转化率、用户行为等。只有根据数据分析结果持续优化营销策略，才能提高私域流量的转化率。

【案例】 小米公司的抖音账号矩阵

小米公司在抖音上精心构建了一个多元化的账号矩阵，旨在通过不同账号的精准定位和内容输出，有效地提升品牌的曝光量，触达各类目标用户。通过这一策略，小米公司不仅增强了与用户的互动和沟通，与用户建立了更紧密的关系，还成功推动了其产品在抖音上的销售。

构建账号矩阵是小米公司在数字化营销领域的一次重要布局，体现了其对市场趋势和消费者需求的深刻洞察和灵活应对。

1. 主账号（"小米手机"）

定位：作为小米手机的官方发声渠道，展示品牌形象、发布新品信息、分享产品功能等。

特点：内容质量高，注重品牌形象塑造，保持内容与品牌形象的一致性。内容发布频率稳定，信息准确权威。

优势：权威性和可信度高，能够直接传递品牌价值观和最新动态，吸引对小米手机感兴趣的用户。

2. 地域分账号（如"小米之家官方旗舰店 – 河南"）

定位：针对不同地区的市场和消费者，发布特定的优惠活动、线下门店信息、当地用户故事等内容。

特点：内容更加贴近当地消费者的喜好和文化背景，注重与该地区用户的互动和沟通。发布的信息更具针对性和实用性。

优势：能够根据不同地区的市场需求和消费者特点，制定更加精准和有效的营销策略，提高品牌在当地市场的知名度和竞争力。同时，地域分账号能够增强品牌与各地区消费者之间的情感连接，培养更多的忠实粉丝。

3. 产品线分账号（如"小米空调精选直播间"）

定位：专注于某一产品线的宣传和推广，发布相关产品的详细信息、使用教程、用户反馈等内容。

特点：针对特定产品线的目标受众，提供更精准、更深入的信息，内容专业、权威、具有说服力，注重与用户的互动及反馈收集。

优势：能够更加深入地挖掘产品的特点和卖点，提高用户对产品的认知度和购买意愿；能够吸引更多对特定产品感兴趣的用户，促进产品销量和品牌忠诚度的提升。

4. 合作账号

定位：与抖音上的科技达人合作，共同制作手机评测、使用技巧、行业趋势等内容。

特点：借助达人的专业知识和粉丝基础，快速传播品牌信息，提高品牌认知度；内容形式多样，更具创意和趣味性。

优势：能够借助达人的影响力和粉丝基础，快速提升品牌曝光度，提高用户对产品的信任度和购买意愿；能够带来更多元化的创意，增强用户对品牌的黏性。

第 8 章

超级 IP：
人格化的魅力就是账号的生命力

　　超级 IP 的形成往往与其所展现的人格化魅力密不可分，这种魅力不仅赋予了内容独特的生命力，还是吸引和留住用户的关键。真实、独特、积极和创新是构成这种魅力的四大要素。只有集齐这些要素，创作者才能在抖音上脱颖而出，打造出具有持久生命力的超级 IP。

8.1　何为 IP：理解 IP 的内涵

如果说普通用户对 IP 不是很了解还情有可原，那么以账号运营为主业的专业人员对 IP 还是一知半解就说明其并不能敏锐地察觉时代风向的改变，感知能力不够强。

在内容为王的抖音上，IP 的地位不言而喻。我们需要掌握一些与 IP 有关的基础知识。IP 的主要属性如图 8-1 所示。

图 8-1　IP 的主要属性

（1）话题性

IP 必须具备足够的话题性，否则难以提升热度。例如，2020 年出现了一个十分火爆的 IP，那就是《乘风破浪的姐姐》，相关话题几乎每天都能上热搜。虽然不是所有 IP 都有这么强的话题性，但至少要让用户找到值得讨论的地方。

（2）价值观

IP 必须努力传达积极向上、能够发挥正面作用的观念。某些偏搞笑风格的 IP 虽然不太具备这种特质，但也必须让用户能从短视频中感受到一些正面的东西，否则就会沦为一个没有内涵的空壳。

（3）聚集力

哈利·波特系列电影、国内仍在不断开发的《西游记》等大 IP 聚集粉丝的能力非常强。聚集力越强的 IP，越容易创造经济效益。只有拥有长久、稳定聚集力的 IP，才能创造更大的商业价值。

（4）独特性

我们很少听说某些世界级的艺术品是在模仿、抄袭的基础上创作出来的。同理，IP 要想获得成功，就不能投机取巧。虽说并不是所有具备独特性的 IP 都能走红，但有一点毫无疑问：缺乏独特性的 IP 几乎没有成长起来的可能性。

抖音是一个娱乐性的平台，但同样适合打造内容 IP。以当下的平台环境来看，谁的内容 IP 创造能力强，谁的粉丝关系就越牢固，谁的变现效率就越高。"一禅小和尚"是抖音上比较成功的 IP，目前的发展势头仍然很好。其画面精致程度没有多高，也就是中等偏上的水平；其剧情没有多充实，并没有那种荡气回肠的感觉。然而，就是这样一个看起来有些平平淡淡的"佛系"账号，却成功地调动了无数用户的情绪，使他们纷纷在评论区发出自己的感慨。这就是 IP 的巨大魅力。

打造 IP 可以给创作者带来很多好处，具体如图 8-2 所示。

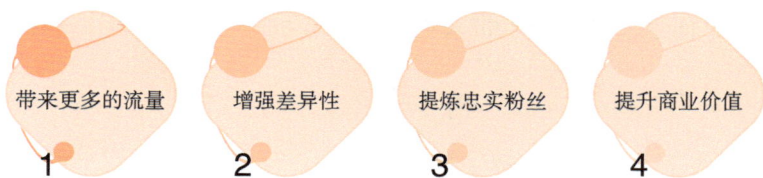

| 带来更多的流量 | 增强差异性 | 提炼忠实粉丝 | 提升商业价值 |
| 1 | 2 | 3 | 4 |

图 8-2 打造 IP 能给创作者带来的好处

（1）带来更多的流量

创作者打造出一个成功的 IP，无疑将给账号带来更高的热度。优质 IP 本身就具有某种光环，只要辅以适当的推广，IP 很快就会给账号带来庞大的流量。

（2）增强差异性

打造出 IP 的账号比普通账号更有优势。IP 能够帮助创作者拉近账号与目标用户之间的距离，使账号的形象更加生动，也更容易被用户记住。有些账号的实力其实很不错，但是没有利用 IP 制造差异性，其竞争对手很有可能抓住这一点，通过打造 IP 乘胜追击。

IP 随着平台的发展已经变得越来越多样化，普通用户没有足够的耐心去一一了解，只会记住最有特色的 IP。

（3）提炼忠实粉丝

没有一位创作者希望自己的粉丝都是"僵尸粉"。那些打造出 IP 的账号，其粉丝黏性都非常强，忠实粉丝所占的比例也很高，粉丝的综合价值极高。因为 IP 往往意味着账号的人格化特征更突出，而用户更喜欢那些有人情味的账号。

（4）提升商业价值

IP 并不是一次性道具，用完一次以后就没用了。真正的 IP 拥有强大的生命力，创作者不仅可以借助它输出优质的内容，还可以衍生出一系列周边产品，而这些产品可以带来更多的商业机会，让账号的商业价值变得更高。

8.2　塑造魅力：人格化的魅力就是内容本身

在为抖音账号策划和制作内容时，人格化是一个非常重要的因素。

对品牌方来说，人格化的内容可以深入人心，让用户感受到品牌的关注和关怀，增强用户的忠诚度和黏性；人格化的内容能把品牌更加生动、形象地呈现在用户面前，提升品牌的形象和价值。

对抖音账号来说，人格化主要影响如图 8-3 所示的几个方面。

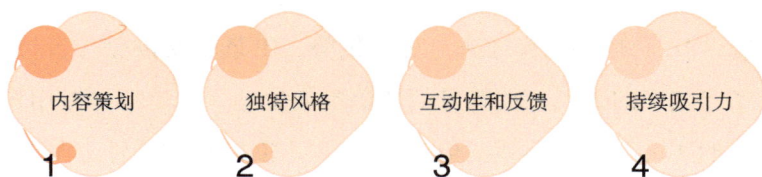

| 内容策划 | 独特风格 | 互动性和反馈 | 持续吸引力 |
| 1 | 2 | 3 | 4 |

图 8-3　人格化影响的几个方面

（1）内容策划

人格化的内容通常具有故事性，容易引起情感共鸣。例如，抖音账号"祝晓晗"通过人物关系和日常生活故事吸引了大量粉丝。该账号发布的视频主要以家庭生活为主题，通过幽默、搞笑的方式展现家庭生活中的温馨和趣味。

（2）独特风格

以人格化为主要特征的抖音账号通常在视频剪辑方式、配乐选择、特效运用等方面具有独特的风格。这种风格可以让用户一眼就能认出该账号发布的视频，增加内容的记忆点。例如，抖音账号"呗呗兔"通过天津方言讲解化妆教程，形成了独特的风格，吸引了大量粉丝。

（3）互动性和反馈

以人格化为主要特征的抖音账号通常很注重与用户的互动，会通过及时回应和解决用户的问题和需求，与用户建立良好的关系。例如，抖音账号"辣目洋子"经常与粉丝互动，回复评论和私信，分享自己的生活和工作经历。这类互动能让用户感受到真诚和关怀，增强用户的信任感和忠诚度。

（4）持续吸引力

以人格化为主要特征的抖音账号需要不断地推出新内容，保持用户的兴趣和好奇心。例如，抖音账号"papi 酱"不断推出新视频，主题涵盖了搞笑、情感、生活等多个方面。持续地创新及不断推出的新内容让该账号能始终保持对用户的吸引力。

在抖音上，有很多品牌方通过人格化的内容对品牌或产品进行营销推广，有人将其称为"人格化营销"。当然，在各大短视频平台上，通过有针对性的、精心制作的内容对品牌或产品进行营销推广已经很常见，这也被称为"内容营销"。人格化营销和内容营销在某些方面存在相似之处，但也有一些不同点。

（1）目标不同

人格化营销的重点在于赋予品牌或产品人格化特征，利用人格魅力吸引用户，让其对品牌或产品产生认同感，提升品牌知名度和美誉度；而内容营销的重点在于创建、发布和传播有价值的内容，通过内容吸引用户，提高用户的参与度和忠诚度。

（2）实施方式不同

人格化营销的实施方式主要是在品牌或产品中加入人格化元素，如形象代言人、拟人化设计等；而内容营销的实施方式主要是创作文章、制作视频、设计图片等，并在社交媒体等渠道发布和传播。

总而言之，人格化营销更侧重于通过人格魅力吸引用户，而内容营销更侧重于通过有价值的内容吸引用户。

8.3　IP 类型：抖音上最受欢迎的四类 IP

抖音上的热门领域虽然有很多，但不是所有的热门领域都适合打造IP。下面梳理一下目前在抖音上比较受欢迎的几类 IP，供还没有确定 IP 打造方向的创作者参考。

创作者无论处于打造 IP 的哪个阶段，都要牢牢记住 IP 的几大特征，缺少任何一个都说明创作者的选择可能出现了问题。创作者还要留心观察抖音上非常火爆的 IP 类型（见图 8-4），了解它们具备哪些特点，这些信息通常具

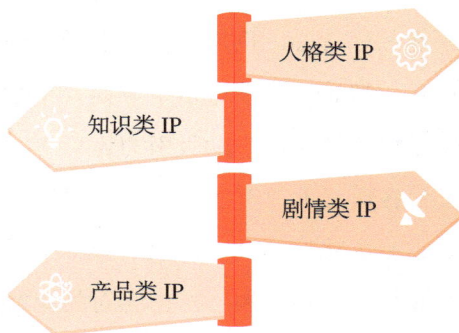

图 8-4　抖音上非常火爆的 IP 类型

有很高的参考价值。

1. 人格类 IP

人格类 IP 能给用户带来真实、有温度的感觉。其人格魅力是否强大、与用户的距离是否很近都是决定 IP 打造是否成功的关键因素。

与其他几类 IP 相比，人格类 IP 有一些运营难点。第一，没有人能够仅凭一面之缘就摸透别人的底细，这意味着创作者要做好长期奋战的准备。第二，在打造人格类 IP 的过程中，创作者在前期看到的数据变化不会很大，所以一定要注重一点一滴的积累。

有许多人认为自己的魅力足够强，便选择打造人格类 IP，最后却失败了。他们失败的原因是过分高估了自己。主播董宇辉的本职工作是销售产品，但现在有许多人观看他的直播并不是为了获得折扣、买东西，而是被他的性格、价值观等所吸引。打造人格类 IP 的重点不是能吸引多少流量，而是能积累多少忠实粉丝。

2. 知识类 IP

知识类 IP 必须输出各种有价值的信息、观点，不一定非要真人出镜。樊登读书就是知识类 IP 的典范。要想打造这类 IP，创作者首先要问自己几个问题：我的内容产出效率如何？我的内容是否具备独特性、新颖性？我是否有足够的素材？

知识领域的运营门槛本来就比其他领域高，就好像朋友之间的普通聊天与专家讲座是两个完全不同的概念一样。要想在抖音上打造一个成功的知识类 IP，创作者就要注意图 8-5 所示的事项。

01 贴近生活

02 创新角度

03 持续产出

图 8-5　打造知识类 IP 的注意事项

（1）贴近生活

无论是输出科学类知识还是输出其他方面的观点，创作者都不能忘记自己所处的平台是抖音，并非真的站在专业讲台上。知识类短视频可以适当提高内容的专业度，但必须保证用户能看懂、听懂。成功的知识类 IP 不会让用户看完短视频之后一头雾水，它们往往能用简洁有趣的语言有效地传递内容。

（2）创新角度

如果只是输出一些平平无奇的内容，那么知识类账号最多只能发展到小有名气的程度，无法形成 IP。能力较强的创作者可以从人们非常熟悉的内容里找到创新的角度，让用户发出"原来还能这样"的感叹。

（3）持续产出

抖音也在有意扶持知识、教育等细分领域。创作者如果选择打造知识类 IP，就要集中火力、持续产出。

3. 剧情类 IP

以上几类 IP 在抖音上都很受欢迎，不过，最受欢迎、最容易让账号迅速涨粉的还是剧情类 IP。

我们可以看看抖音上知名的剧情类账号"名侦探小宇"。该账号在没有集中精力做矩阵的情况下，仅凭借优质的剧情就获得了大量用户的自发传播，这足以证明其剧情十分出色。与那些展示甜蜜恋爱场景、制作暖心类剧情的账号不同，"名侦探小宇"在剧情上尽可能贴近现实热点，以女性在现实生活中可能会遇到的风险、骗局来设计剧情，在中后期几乎每一条短视频的点赞量都能达到几十万。

打造剧情类 IP 的注意事项如图 8-6 所示。首先，剧情可以没那么独特，但一定要有新颖之处，如演员的外形、着装或互动形式等。其次，为了提高用户的关注度，增强用户的好奇心，创作者可以尝试打造系列短视频，在结尾适当设置悬念。最后，剧情类短视频一般都需要真人出镜，所以拍摄时要找好拍摄角度，有条件的话要使用更专业的设备。

01 内容要有新颖之处

02 打造系列短视频，在结尾处设置悬念

03 找好拍摄角度，选用专业设备

图 8-6　打造剧情类 IP 的注意事项

爱情类、搞笑类短视频在抖音上很热门。不过，创作者要想在竞争如此激烈的细分领域中成功打造出 IP，肯定没有那么容易。创作者可以寻找一些热度稍低但具备发展潜力的细分领域，或许可以找到更多的机会。

4. 产品类 IP

产品类 IP 比较适合企业号去做，因为企业在产品方面往往已经具备了相对丰富的运营经验，而且规模较大的企业都有自己的品牌，打造品牌 IP 会更加容易。举个例子，三只松鼠在抖音上的运营状态很好，一是因为其运营团队非常重视账号的人格化，二是因为该品牌本来就有粉丝基础，而且产品质量也相当不错。三只松鼠在打造产品类 IP 时节奏肯定会比较快。

如果品牌的知名度不是很高或品牌形象比较陈旧，那么创作者要将重点放在产品品质及其衍生的情感上。例如，大白兔奶糖曾经借助怀旧情感成功地开展了一波营销活动，使这个老品牌重新焕发了生机。因此，在这个时代，不能单纯地将产品视为一件物品，而要赋予其情感、温度。

8.4　基本要素：热门 IP 的七个必备属性

抖音上的爆款 IP 虽然风格迥异，运营手段也各有不同，但其所具备

的基本属性都差不多。创作者要了
解这些爆款 IP 的基本属性，这样才
能在打造 IP 时更有针对性。

爆款 IP 具备的基本属性如图 8-7
所示。

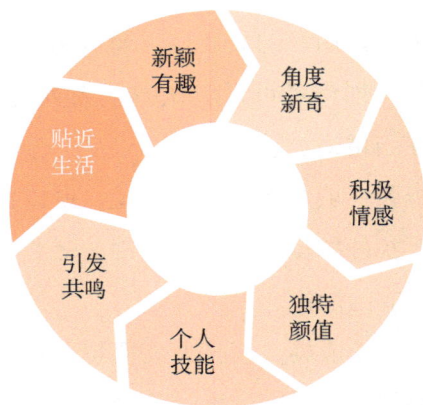

1. 新颖有趣

抖音是一个年轻化的平台，许
多人在提起抖音时，脑子里第一时

图 8-7　爆款 IP 具备的基本属性

间浮现的都是"潮流""有趣"这样的关键词。抖音并不是没有怀旧类短
视频，但创作者不能真的按照旧时代的标准拍摄短视频，一定要在其中融
入创新元素，使内容更符合抖音的风格。

新颖有趣并不等于搞笑，该属性强调的是作品的原创性，以及作品是
否带有强烈的个人风格和独特的创意。现阶段，具备这一属性的爆款 IP
应该是最容易打造的，例如，无论是主打烧脑剧情的"七舅脑爷"还是主
打治愈动画的"萌芽熊"，都具备新颖有趣这一基本属性。抖音非常鼓励
创作者发表原创作品，这也是打造爆款 IP 的第一道门槛。

2. 角度新奇

角度新奇与新颖有趣有一定的相似性，但本质上还是两个概念。我们
可以站在用户的角度来简单说明一下：新颖有趣的短视频可以让用户产生
愉悦、治愈等情绪，而角度新奇的短视频更容易激发用户的好奇心，使其
发出"怎么会这样""后续剧情会怎么发展"等疑问。

这类短视频的互动量通常比较高，这可以提升打造出爆款 IP 的概率，
毕竟用户的好奇心被激发往往意味着其黏性会有所增强。在这个方面，
"三分钟推理""惊天碉堡团"等账号就做得比较好，有的选择悬疑风格，

有的选择无厘头风格，但都能成功引起用户的兴趣，使其主动追踪后续剧情。

3. 积极情感

要想打造出爆款 IP，就要尽量多做正能量、充满积极情感的内容。背后的原因主要有两点：第一，抖音比较推崇带有积极色彩的作品，带有消极色彩的内容可以存在，但无法成为主流，更难成为爆款；第二，用户当然都会有负面情绪，但这并不意味着他们希望每天打开抖音都看到大量带有负能量的短视频，他们更希望借助抖音缓解压力、放松心情。

为什么"萌芽熊"可以成为千万级账号？"萌芽熊"明明只是虚拟形象，为什么拥有那么多的忠实粉丝？就是因为抖音的大部分用户在内心深处还是充满了积极的情感，而"萌芽熊"打造的可爱形象和暖心剧情能够充分满足用户的情感需求，它成为爆款 IP 是很合理的。

4. 独特颜值

之所以是独特颜值，而不是高颜值，主要是因为后者不足以支撑创作者打造出爆款 IP。毕竟，抖音上从来都不缺少帅哥美女。你在抖音上随便输入一个关键词，就可以搜索出一大批"颜值博主"出镜的短视频，其中能上热门的多，能成为爆款 IP 的却很少。

只有辨识度很高的人才有机会在高颜值人群中脱颖而出。初代抖音达人"代古拉 K"就凭借甜美的笑容给用户留下了深刻的印象，其粉丝的黏性即便到了现在也很高。

5. 个人技能

网上有这样一句话："这年头，不会点才艺，连菜都卖不出去。"虽然这只是一句玩笑话，但也从侧面反映了个人技能的重要性。如果没有拿得出手的技能，基本上就与打造爆款 IP 无缘了。当然，并不是只有钢琴十级、跆拳道黑带这样的高级技能才符合条件。

抖音上的才艺类 IP 有很多。例如，"不齐舞团"的人气就非常高，虽然他们的舞蹈技术算不上专业，但许多没有舞蹈基础的普通用户也可以模仿他们。而且，"不齐舞团"成员的外形条件很优秀，短视频所选用的音乐和拍摄角度也不错。

6. 引发共鸣

能够引发用户的共鸣是爆款 IP 的重要属性。这也是抖音上人格类、情感类 IP 比较多的原因之一。如果创作者想通过获得更多的忠实粉丝打造爆款 IP，就可以走情感路线。某些创作者只顾大量输出心灵鸡汤类内容，没有自己的独特观点，这种短视频连上热门都很难，更不要说打造爆款 IP 了。

7. 贴近生活

抖音的口号是"记录美好生活"。如果创作者想走稳妥的路线，就要让短视频更加贴近生活。抖音上的美食类 IP "麻辣德子"走的就是接地气的烹饪路线，短视频里没有什么高级厨具，画面也没有什么技术上的亮点，但也正因如此，该账号才成功地拉近了自己与用户之间的距离。目前，该账号的粉丝量已经突破了 3000 万大关。

8.5 成长周期：IP 成长的三个阶段及其重点运营工作

目前，抖音上的爆款 IP 并不少见，例如，"会说话的刘二豆""一禅小和尚"等都是变现能力较强的头部账号。不少机构都希望从中分一杯羹，所以开始组建专业团队到抖音上孵化爆款 IP。

打造一个 IP 在某种程度上和种下一粒种子并等待其开花结果差不多。没人能只花短短几天就打造出一个知名度极高的爆款 IP，创作者还是要稳扎稳打地开展工作。我们可以将 IP 的成长分为三个阶段，每个阶段的运营工作都有不同的侧重点，具体如图 8-8 所示。

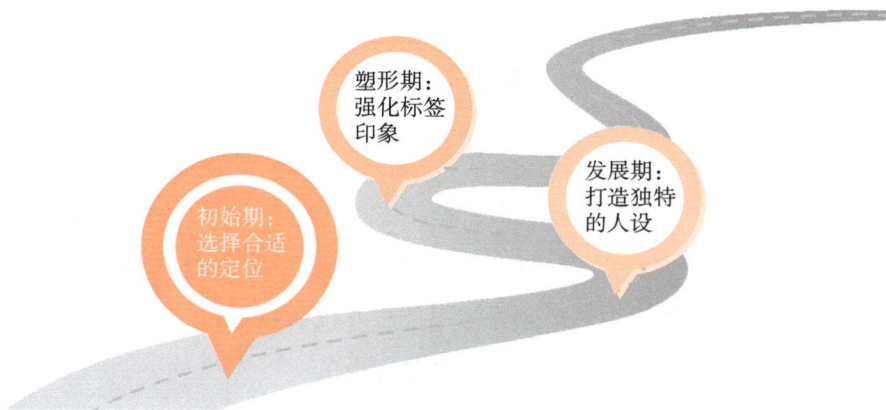

图 8-8　IP 成长的三个阶段

1. 初始期：选择合适的定位

要想打造出爆款 IP，创作者首先要选择一个最适合自己的定位。哪怕是做一条爆款短视频，都必须让内容垂直化，更不要说打造爆款 IP 了。抖音上的爆款 IP 没有同时具备两个及以上定位的。用户可能会同时关注多种类型的账号，但创作者不能为一个账号选择多个定位。

当所有人都站在同一条起跑线上的时候，谁能在起跑阶段采用正确的姿势迅速发力，谁就能更快地跑到终点。在确定 IP 定位的阶段，创作者需要考虑图 8-9 所示的几个因素。

图 8-9　确定 IP 定位时需要考虑的因素

（1）擅长为先

绝大部分创作者入驻抖音时都会下意识地选择自己比较有经验、比较擅长的领域，在为 IP 选择定位时当然也要如此。某些爆款 IP 所处的领域虽然看起来很有诱惑力，但创作者可能根本没有接触过，如果硬着头皮进入这些领域，那么获得成功的可能性是很低的。

（2）有无兴趣

在筛选出擅长的领域之后，创作者还要看自己有无兴趣。某些领域是创作者虽擅长却毫无兴趣甚至有些厌恶的，在这种情况下最好不要强行进入这些领域。打造爆款 IP 是一项长期的工作，没有兴趣作为支撑，创作者在创作内容的时候会很痛苦。

（3）能否变现

爆款 IP 大都具备较强的变现能力。无论创作者是否有这个方面的打算，都要在确定 IP 定位之前对其商业潜力进行评估。

（4）运营难度

小众领域、竞争不激烈的领域、素材较少的领域都是运营难度较高的领域，创作者要尽量避开。当然，如果创作者对某个领域十分熟悉，就另当别论了。

2. 发展期：打造独特的人设

打造 IP 其实也是在打造独特的人设。例如，"江小白"是一个有很大影响力的 IP，虽然它背后是酒类产品，但它的文艺青年形象却让大家记忆深刻。围绕着"江小白"这个 IP，甚至已经衍生出了动漫作品。虽然产品质量发挥着基础性的作用，但人设才是"江小白"成功的关键。

创作者在确定人设特征的时候，一方面要根据先前选定的领域做深入分析，另一方面要找准自己的目标用户。如果你打算做一个治愈类的情感 IP，而你的人设却是一个沉默寡言的人，那么两者肯定会产生冲突。

在分析目标用户时，创作者要细致分类、综合判断。创作者可以通过分析用户的性别、年龄、所在城市、兴趣爱好等，初步确定其喜爱的人格形象，并在后续的运营中不断对其进行调整。此外，创作者还可以多观察竞品的做法。

3. 塑形期：强化标签印象

塑形期也可以称为成熟期，如果前几个阶段的工作做得比较好，那么进入成熟期的速度就会更快一些。在这一时期，创作者应该已经找到了自己擅长的风格，并且有了一定数量的忠实粉丝，创作者要做的就是进一步强化 IP 的标签印象。

举一个企业号打造品牌 IP 的例子，如果你关注了三只松鼠的抖音号，就会收到一条别有风格的自动回复："哈喽，我亲爱的主人，今天给松鼠点赞了吗？"这条自动回复与三只松鼠的形象十分一致，很容易让用户会心一笑。该账号主页中的简介是："陪你们在抖音一起玩耍卖萌的小松鼠。"如此用心的文案配上三只松鼠的小动物短视频，形象显得十分鲜明立体。

个人号虽然在功能方面有所欠缺，但也要重视细节，做好图 8-10 所示的几项工作。

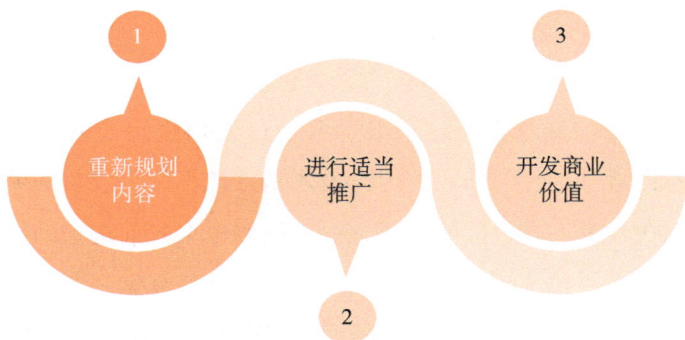

图 8-10 塑形期要做的工作

（1）重新规划内容

这里说的重新规划，并不是说要做出较大的改变，像人设、定位等都是不能轻易改变的。创作者在塑形期要对短视频的内容进行深入策划，调整侧重点。大多数创作者在这一时期会更注重理念的输出，即传递自己的价值观。

（2）进行适当推广

许多创作者都会遇到发展瓶颈，这主要是因为推广力度不足。虽然总有人说"酒香不怕巷子深"，但如果创作者不做好宣传推广工作，可能用户还没有闻到你家的酒香，就已经被巷口的其他酒铺吸引走了。

（3）开发商业价值

在塑形期，IP 的商业价值应该已经有所体现了。要想让使其成为真正的爆款 IP，创作者还要做更多的工作，尽可能开发其商业价值，如与达人合作、举办挑战赛等。

【案例】 能否创造"热梗"已经成为评价 IP 影响力的重要指标

"热梗"是一个网络用语，主要是指被广大网友熟知和喜爱的流行语、表情包或行为模式。"热梗"通常源于网络，传播迅速，影响广泛。

作为领先的短视频平台，抖音的用户基数非常庞大，创作者数量众多且十分活跃，这为"热梗"的产生提供了土壤。当一个抖音账号能够创作出新颖、有趣且能引发受众共鸣的内容时，它就有可能成为"热梗"的缔造者。

在当前的网络环境中，"热梗"不仅是网民之间交流时所用的共同语言，也是内容创作者和品牌方吸引关注、扩大自身影响力的重要手段。一个"热梗"可以在极短的时间内带来巨大的曝光量和极高的用户参与度，从而显著提升 IP 的知名度和商业价值。

在抖音这样的平台上，能否创造"热梗"已经成为评价 IP 影响力的重要指标之一。一方面，高热度 IP 更容易产生和传播"热梗"，因为其内容更容易被大量的用户观看和分享；另一方面，"热梗"也能提升 IP 的影响力，帮助其吸引更多的粉丝。

"疯狂小杨哥"是一对双胞胎兄弟在抖音上运营的账号。他们以搞笑、接地气的内容和强烈的个人特色在抖音上迅速积累了大量粉丝。他们创造的一系列"热梗"，如"绝望周末""网瘾少年戒网记"等，都深受用户喜爱，并在平台上得到了广泛传播。

（1）用户参与度提升。"疯狂小杨哥"发布的新视频常常融入"热梗"元素，可以吸引大量的用户观看、点赞、评论和分享，显著提升了用户参与度。

（2）曝光量增加。由于"热梗"可以提升用户参与度，抖音的推荐算法会将"疯狂小杨哥"的短视频推荐给更多的用户，从而增加其曝光量。

（3）商业价值提升。随着"热梗"的传播和影响力的扩大，"疯狂小杨哥"获得了更多的商业合作机会，如品牌代言、广告植入等，从而提升了其商业价值。

"疯狂小杨哥"通过创造"热梗"提升了其IP的影响力，而IP影响力的提升也有助于他们创造更多、更成功的"热梗"。这种良性循环使得"疯狂小杨哥"在抖音上的影响力持续扩大。

不过，值得注意的是，虽然"热梗"对提升IP影响力具有重要作用，但"疯狂小杨哥"也非常注重内容质量和创新，以及与粉丝的互动和社区管理。毕竟，只有内容质量保持在较高的水平，粉丝也有较强的黏性，才能使账号在激烈的竞争中保持较高的热度和影响力。

前一段时间，"人间烟火"成了抖音上的"热梗"。这个话题与每个人的生活息息相关，即生活中的幸福瞬间。很多抖音用户都创作了相关的短视频，展现生活中的美好瞬间，如一家人围坐在饭桌前共享晚餐、情侣在夕阳下携手漫步等。这些短视频凸显了平凡生活中的美好瞬间，引发了用户强烈的情感共鸣。

"人间烟火"其实代表的是家的温暖、亲情的牵挂、友情的陪伴等。这些情感是人类共同的精神需求，因此很容易深入人心，引起强烈的共鸣。当人们看到以"人间烟火"为主题的内容时，很容易就会被其中的情感所打动，进而产生分享和传播的冲动。

大量的抖音用户参与"人间烟火"相关的话题和挑战活动，上传自己的短视频，展示生活中的美好瞬间，话题的热度不断提升。一些有影响力的抖音达人也参与了话题的讨论和传播，进一步扩大了话题的影响力。例如，某电视台在2023年年底发布了一个以"人间烟火"为主题的合集，获得了超过600万次点赞、17.5万条评论，这无疑是对"人间烟火"这一"热梗"积极社会价值的肯定。

第 9 章

蓝 V 账号：
抖音企业号的运营

　　蓝 V 账号是企业在抖音上的官方账号，具有一系列的特殊功能和权益，如直播、挑战赛、明星带货等，旨在帮助企业更好地进行品牌推广和营销。

9.1　平台态度：抖音对蓝 V 账号的期望

抖音在运营初期并没有开通企业号的认证渠道，而且当时也没有多少商家、品牌会把注意力放在抖音上。但在 2018 年，抖音调整了运营思路，开通了企业号认证功能，并且在此之后以企业号为核心进行了一次又一次的特权调整。

现在，抖音已经成了各大品牌关注的焦点，我们很有必要深入分析抖音对蓝 V 账号的态度及期望。

首先，根据抖音公布的数据，2019 年是一个非常重要的时间节点，因为在这一年，抖音上蓝 V 账号的数量急剧增加。其次，入驻抖音的蓝 V 账号在类型上也变得更加多样化，所覆盖的行业范围迅速扩大，用户在抖音上可以找到各行各业的蓝 V 账号。那么，是什么原因造成了这一改变？抖音自身又有什么样的想法呢？

我们可以从运营者的角度来思考，蓝 V 账号背后的运营者早已经在商场中打拼多年，如果抖音无法为其提供帮助，精明的商人是不会在这个平台上浪费资源的。他们能够通过抖音获得什么？我们可以通过他们获得的资源来间接窥探抖音的真实态度。

在商业交往中，合作关系的确立往往基于一个原则：双方都可以从中获利。企业需要流量来扩大品牌的影响力，而抖音一方面可以给企业带来流量，另一方面也为企业变现提供了平台，具体如图 9-1 所示。

1. 加快品牌输出

在这个信息极大丰富的时代，品牌做好输出非常重要。从某个角度来说，品牌的输出能力甚至可以决定一家企业的发展前景。如何利用抖音向外界输出企业的价值观、经营理念及相关信息是企业需要思考的重要问题。增强品牌的整体影响力，加深用户对企业的印象，是抖音能为企业提

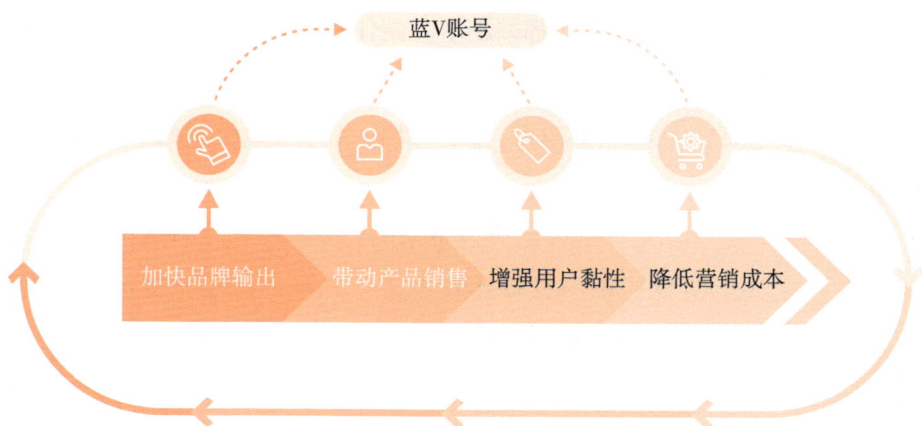

图 9-1　抖音为蓝 V 账号提供的回报

供的重要价值。

2. 带动产品销售

带动产品销售是企业入驻抖音的根本目的。企业的大部分营销活动都是以产品为核心举办的，产品的销量反映了企业的核心竞争力。抖音如今的玩法十分丰富，企业完全可以根据自身条件选择最适合自己的玩法。例如，企业可以借助各种形式的活动吸引用户关注自身旗下的品牌，进而开拓市场。

3. 增强用户黏性

对品牌方而言，维护老客户的同时不断吸纳新客户是一项长期的工作。当下，新品牌层出不穷，新品牌取代老品牌也是经常发生的事情。用户是主动做出选择的一方，因此企业入驻抖音也是为了通过流行文化增强用户黏性。

4. 降低营销成本

在抖音上，除了广告付费合作，大部分功能都是免费的。企业无论规模大小、知名度如何，起跑线都差不多。制作短视频的成本较低，企业需要思考的是如何传播自己的品牌，增强自身的影响力。与线下相比，在抖音上开展营销活动的成本较低，这对处于发展期的小企业来说是一件好事。

上面这些就是蓝 V 账号能给企业带来的好处。相比于普通的个人号，抖音一开始给蓝 V 账号的特权就比较丰富，后来还不断充实各种特权，为蓝 V 账号打造了一个越来越有吸引力的运营环境：评论、私信等基础功能得到优化，用户管理系统上线，账号权重增加……这一系列改变都指向了一个清晰的事实：抖音需要更多的企业入驻，也在不断加大力度支持蓝 V 账号的发展。

但是，抖音和品牌方一样需要从合作中获得实打实的利益，否则它没有理由提供这么多特权。那么，抖音的需求又是什么呢？

作为一个短视频平台，抖音的雄心可从来都不小。抖音大力扶持蓝 V 账号的发展主要有两个原因：一是扩大运营规模，使平台的生命力更强大；二是紧跟时代的步伐，加快平台转型，让平台的电商属性变得更明显（见图 9-2）。

扩大运营规模，生命力更强大

加快平台转型，电商属性更明显

图 9-2　抖音扶持蓝 V 账号的主要原因

抖音用户的活跃度在业内已经算得上十分优秀，但没有任何运营者会因此而放缓脚步。抖音只有不断扩大用户规模，才能让产品的生命周期尽可能延长。知名品牌如小米手机、阿里巴巴、完美日记等入驻抖音势必会带来一批忠实粉丝。如果配合这些知名品牌持续推出挑战赛活动，或者进行线上和线下的联动，抖音的综合实力就会越来越强大。

我们可以将眼光放得更长远一些。抖音虽然还喊着生活化的口号，但

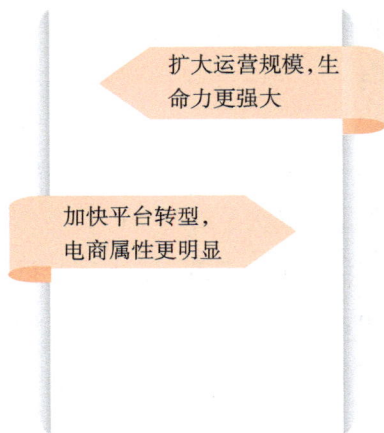

其整体的发展趋势却在向电商靠拢。近年来，电商的变现能力逐渐增强，各大电商平台变得更加成熟。抖音如果不进一步增强自身的变现能力，其商业价值就会逐渐降低。有许多主战场原本在线下的品牌选择入驻抖音，这从侧面证明了抖音的电商属性正在得到增强。

9.2　多元功能：企业号拥有更多特权

许多商家对企业号享有的特权不是很了解。下面简要介绍企业号享有的特权，具体如图 9-3 所示。

图 9-3　抖音企业号享有的特权

1. 防伪功能

蓝 V 标识是企业号与个人号最明显的一个区别。虽然抖音账号的昵称是不可重复的，但可以通过添加空白字符等方式使昵称与企业品牌名称相同。在这种情况下，蓝 V 认证可以使企业号从一众仿冒者中脱颖而出。

品牌名称本身就是一种重要资源，无论品牌的影响力是大还是小，起码比普通的个人号影响力要大。某些用户在初期选择仿冒某些品牌，等积攒了一定的粉丝之后再变更昵称，以此获得初始流量。这种做法往往会使想要关注这个品牌的用户产生困惑，同时还会使企业应得的资源被抢走。

抖音在赋予企业号蓝 V 标识时，为了避免让用户在一堆相似度极高的名字中费力地找出"正版"账号，还会赋予真正的企业号账号置顶的特权。

2. 视频置顶

通过蓝 V 认证的企业号拥有将三条视频置顶的权利，而普通用户是不能在主页中将视频置顶的。这一特权可以给企业号带来不小的优势。企业可以将自己最满意、营销效果最好的视频置顶，相当于对视频做二次传播，而且是免费的。

不要忽视该功能的重要性，如果企业随便挑几条短视频置顶，就等于白白浪费了平台提供的引流机会。在选择置顶内容的时候，企业需要考虑几个问题：置顶视频是否与账号定位相符？置顶视频能否对用户产生吸引力？置顶视频的价值如何实现最大化？预算不充裕的小企业一定要认真思考、慎重选择。

3. 外链跳转

企业号拥有在主页中添加店铺链接的特权，用户可以通过点击链接实现一键跳转。外链跳转是提升产品销量的一项重要工具，企业也可以链接自己想要展示的内容，使用户直达官方旗舰店。一些知名品牌如康师傅、旺仔等都会在企业号主页添加官方旗舰店的链接，使自己的产品能够得到更直接的曝光，完成销售转化。

4. 广告发布

企业入驻抖音的主要目的就是开展营销活动，增强自身品牌的影响力。在打广告方面，企业号拥有一定的特权，而个人号却面临着诸多限制。普通的个人号随意打广告，相关内容很容易被系统判定为垃圾内容。有时用户只是单纯地分享个人生活，却很可能面临账号权重下降、后续流量受限等问题。

抖音允许企业号发布广告，很少会限流。不过，直接打广告的做法并不可取。某些老牌企业还是习惯采用传统的营销方式，但既然入驻抖音，就说明它们知道时代潮流已经改变了。考虑到平台的特点和用户的口味，企业在打广告时还是要采取更加柔性的方式。

5. 视频时长

抖音上多数短视频都受 15 秒时长的限制，尽管个人用户也可以获得 60 秒视频权限，但粉丝量要达标。而企业号在通过认证后就直接获得了 60 秒视频权限，这使其拥有了更大的展示空间。不过，在发布长视频的时候，企业号的运营人员也要注意，时间长不代表视频内容质量可以降低，一定要在时间把控到位的前提下让内容更加充实、有趣，否则就会浪费这项特权。

6. 详情展示

这项特权对一些小型连锁店很有用，如健身中心、奶茶店、小吃店等。抖音允许通过认证的商家将店铺地址、联系方式放在主页中，而个人用户做出这种行为属于违规。这项特权可以直接增加店铺的客流量，这是相比于个人号优势十分明显的功能。如果将其与抖音的其他功能有效地结合起来，那么线下店铺的客流量与营业额都能得到有效的提升。

7. 私信回复

企业号可以设置用户关注后的自动回复内容，使企业号与用户的互动更加自然。自动回复可以降低人力成本，使用户得到更好的反馈，并在一定程度上提高工作效率。开通企业号本来就是为了更快捷地向用户传递信息，而用户也希望企业号的私信提供有用的信息。在这种情况下，关键词引导回复、私信菜单栏的设置可以发挥积极的作用。个人号没有自动回复功能，只能手动回复。

8. 数据分析

企业号每天的流量在正常情况下比普通的个人号要高。在这种情况下，人工监测、统计数据往往很麻烦。尤其是对海尔、完美日记这样的粉丝数量庞大的知名品牌来说，人工统计数据会浪费很多时间。

抖音为企业号提供了数据分析服务，运营者可以直观地看到互动数据、运营数据等，还能评估账号价值、营销效果等。这项服务对企业号来说非常有价值。

9.3 内容制作：3H+3S

在入驻抖音之前，很多企业已经有了互联网运营方面的经验。蓝 V 账号的运营模式在持续演化，如果企业不能随之做出调整，即便享受着抖音提供的特权，也无法真正获得什么好处。蓝 V 账号的运营人员必须掌握时下最流行、最实用的内容制作方法。

针对蓝 V 账号，抖音官方曾经于 2018 年发布《抖音企业蓝 V 白皮书》，并在该白皮书中提出了"3H+3S"方法论——3H 内容规划法和 3S 准则。其中，3H 内容规划法是指蓝 V 账号的运营者在规划内容的时候可以重点从三个方面入手：热点型内容（Hotspot）、标签型内容（Hashtag）和广告型内容（Headline），具体如图 9-4 所示。

图 9-4　最适合蓝 V 账号创作的内容类型

（1）热点型内容

利用热点开展营销是运营者的必备技能之一。企业创作热点型内容的主要目的就是增强自身品牌或产品的影响力，因此一定要将热点事件与品牌或产品的特色结合起来。热点一般分为社会型热点与网络型热点，运营者可以选择合适的热点开展借势营销。

网上曾经有一个很火的剧情套路：一个人不小心摔了一跤，摔出一地"值钱货"。这个套路一度被炒得十分火热：医科学生不小心摔出一堆厚厚的医学书，健身教练不小心摔出一堆蛋白粉……旺仔也抓住了这个热点，做了一条短视频：一位员工不小心摔了一跤，摔出了一堆旺仔品牌的产品。该短视频发布后热度飙升，旺仔也通过热点型内容收获了一大批新粉丝。

（2）标签型内容

标签可以用来快捷地筛选不同种类的物品。抖音上的标签型内容不是固定不变的，这类内容的特点就是符合用户的喜好，品牌自身的特性突出，所以短视频的个性化特征非常明显。

标签型内容可以展示品牌的独特信息，如品牌标识、品牌旗下的核心产品等。场景一定要与品牌有很强的关联性。例如，如果你想展示游泳的场景，那么背景就要与水有关。

另外，运营者也可以借助标签型内容使短视频更有生活气息。短视频可以展示企业员工的日常工作，也可以展示办公室，这样更容易引导用户互动。

（3）广告型内容

这类内容对创意的要求较高，而且具有很强的导向性，通常会展示品牌信息。成功的广告型内容应该是既直白又柔软的，直白是指内容必然带有明显的营销意味，而柔软是指内容新颖，用户不会产生反感。

广告型内容一般与产品的特色联系紧密。例如，奥迪的广告一般走奢华路线，巴黎欧莱雅的广告则多采用高雅、浪漫的风格。如果内容与品牌的一贯风格不符，就会削弱营销效果。

除了 3H 内容规划法，《抖音企业蓝 V 白皮书》针对蓝 V 账号的内容运营还提出了 3S 准则，即运营者在制作内容时要遵守三个准则——信息点突出（Stress）、理解成本低（Simple）和用户易参与（Simulate），具体如图 9-5 所示。

图 9-5　制作内容时要遵守的三个准则

（1）信息点突出

既然是蓝 V 账号，其短视频必然会涉及品牌或产品的特点，目的是增强用户对企业的好感，促进后续的变现。相比于植入商业内容时要格外谨慎的个人号，蓝 V 账号更具优势，因为抖音给了它们足够大的广告植入空间。即便如此，运营者也不能走过于传统的路子。

大家十分熟悉的支付宝在这个方面就做得比较好。虽说支付宝的主要功能是收付款，但它也有很多其他功能。支付宝不仅通过抖音涨粉无数，还通过内容输出让更多的人知道了收付款之外的其他特色功能。例如，支付宝曾经蹭高考这个热点，将信用分与高考分数结合到一起创作短视频，这就是一种既突出产品特点又不会令用户感到反感的手法。

（2）理解成本低

虽说企业号通过认证就能够获得 60 秒长视频的发布权限，但抖音上的绝大部分视频都是十几秒的短视频，抖音公布的时长数据也能证明这一点。运营者在为蓝 V 账号制作内容时，虽然可以不受 15 秒时长的限制，但也不要让每条视频的时长都达到上限。

大部分用户都是在碎片时间刷抖音，他们更希望通过短视频看到既有趣又便于理解的内容。这对蓝 V 账号的运营者来说是一种限制，因为时长的缩短必然导致创作难度的提升，况且企业号内容的可选范围小于个人号。

企业号的内容无外乎就是内部人才、产品优势、品牌活动等。企业号一般不会在抖音上发布过于复杂的内容，即便真的需要发布科普类的内容，也要尽可能将内容做得便于理解。

（3）用户易参与

企业号要尽可能通过各种福利活动调动用户的互动积极性。例如，企业可以在短视频中提出一个问题，在评论中抢先给出正确答案的前几名用户可以获得相应的奖励。

运营者也可以将短视频做得更有趣味性，通过迎合热点、洞悉用户需求等手法引导用户与企业号互动、参与企业号发布的各类活动，促使其自发传播短视频。用户的互动积极性越高，他们对品牌方的价值也就越高。

9.4 运营方法：如何将品牌人格化

如果将品牌人格化比作一场面具绘制比赛，那么只有最独特、最形象的面具才能获胜，其他特点不突出的面具自然无法成为评选者关注的对象。品牌方要想打造一个成功的人格化形象，就要保证这个形象十分新颖，不能直接复制时下比较流行的人格化特征。

人格化运营工作做得比较好的品牌有江小白、来伊份、三只松鼠等。举个简单的例子，当你打算购买某产品，与客服进行沟通的时候，A 中规中矩地回复"您好，×× 为您服务"，B 则会热情洋溢地回复"主人，专注服务主人的鼠糖果在的呢"，显然后者的效果更好一些。

人格化运营的实用技巧如图 9-6 所示。

图 9-6 人格化运营的实用技巧

1. 绘制精准画像

运营者在为账号打造人格化形象之前要明确做这项工作是为了谁。江小白这个品牌的人格化塑造之所以如此成功，就是因为其事先绘制了足够精准的用户画像，明确了自己的目标用户就是"80 后"和"90 后"白领人群，进而选择了一个简单纯粹、贴合现实的文艺青年形象。

明确用户特征是开展人格化运营的重要前提。如果品牌面向的用户有一半以上都对品牌形象并不感冒，甚至有些抵触，那么不要说通过这个形象与用户互动了，就连基本的内容输出都很难得到良好的反馈。

2. 传递形象温度

现在的品牌之所以如此重视对人格化形象的打造，就是因为随着时代的变迁，传统的交易模式已经无法满足人们的需求。在选择产品的时候，他们看重的不仅是产品的功能和质量，还有品牌传达的情感。换句话说，人格化运营做得比较好的品牌总能收获忠诚度较高的粉丝，并且拥有更大的发展潜力。

品牌方应将传递形象温度这项工作放在首位，用户根本不会喜欢外表华美但毫无温度可言的空架子。有些品牌方将品牌文化、历史融入短视频的剧情，让用户产生一种代入感，这往往能让双方的关系变得更加紧密。在合理的范围内，品牌方选择哪种短视频形式都是可以的，但要注意避免表现出疏远用户的态度。用户想看的并不是传统意义上的信息通知类短视频，运营者要学会紧跟时代潮流，提升内容的新颖度（见图 9-7）。

3. 配合产品特点

企业号运营有一个很重要的特点：短视频的内容要配合产品的特点。企业号在发布第一条短视频时就要引出自己的品牌或产品，这样做有利于品牌的人格化形象塑造。

图 9-7　传递形象温度时的要点

例如，某些专供学龄前儿童使用的产品，其人格化形象要向可爱、有亲和力的方向靠拢。同时，相关短视频的内容也不能过于复杂，文案、台词都要便于理解，这样才能使账号的人格化形象与品牌或产品的特点更加匹配，不会让用户觉得突兀。

4. 建立友好关系

某些大型企业虽然制作了许多优质的短视频，但涨粉速度、变现效果却都算不上好，甚至还不如实力远不如自己的中小型企业，主要原因就在于其没有与目标用户建立友好、亲近的关系。作为企业号的运营者，无论品牌存在的时间有多长、实力有多强，既然已经选择跟随主流趋势入驻抖音，就必须舍弃那种"高冷"的态度。有时候，适当地弯一弯腰并不会使品牌形象受损，反而会吸引更多的忠实粉丝。

那么，如何改善与用户的关系，使其对企业账号产生更强的黏性呢？归根结底，还是要多与用户互动，不要给用户一种高高在上的感觉。私信、评论都是很关键的资源，运营者一定要用好平台自带的资源及企业号的特权。

5. 善打情感牌

有些入驻抖音的品牌比较特殊，它们虽然是老品牌，但竞争力、经济效益却在逐年下滑。客观来说，这类品牌的竞争力不强，但有运营才能的人会将这种弱势好好地利用起来。其中，打情感牌或者说"卖情怀"就是一种可行的方法。人们对这种方法有各种评价，但它对身处困境的品牌来说还是有一定效果的。

9.5　转化意识：品宣广告、效果广告与品效协同

抖音上的品牌宣传广告（简称"品宣广告"）与效果广告在目的、策略、创意和媒介选择等方面存在一些差别，具体如表 9-1 所示。

表 9-1　品宣广告与效果广告的对比

对比项目	品宣广告	效果广告
目的	提高品牌知名度和美誉度，提升品牌形象和价值	促进销售，提高转化率，增加利润
策略	通常以建立品牌形象和长期发展为目标，注重品牌形象的传递和创意的展现	更加注重短期销售效果和转化效果，注重对目标受众需求和行为的精准分析和定位
创意	更加注重品牌形象和价值的传递，强调情感共鸣和品牌认同感	更加注重对目标受众的吸引和引导，强调创意的实用性和针对性
媒介选择	更加注重品牌曝光和长期发展的需求，选择优质的媒介资源和高品质的内容进行传播	更加注重媒介的精准性和销售转化的效果，选择具有针对性的媒介和精准的目标受众进行投放

品牌方可以根据自身的需求和目标，选择合适的广告形式，制定科学的投放策略，以实现最佳的品牌推广效果。具体的某个品牌适合采用品宣广告还是效果广告，取决于该品牌的发展阶段、市场定位、产品特点和广告预算等多种因素。

一般来说，已经具有一定知名度的品牌，适合采用品宣广告来进一步提升品牌的知名度和美誉度，扩大品牌影响力，塑造品牌形象，如高端时

尚品牌、汽车品牌等。而初创品牌或产品较为单一的品牌，更适合采用效果广告来直接促进销售，如快消品品牌、电商品牌等。

广告预算是选择广告形式时需要考虑的关键因素之一。预算较为充裕的品牌方可以考虑采用品宣广告来建立品牌形象、促进品牌长期发展，而预算有限或注重短期回报的品牌方更适合采用效果广告来促进销售、增加利润。

在抖音上，对品牌方来说，品效协同是指在营销过程中对品牌广告和效果广告进行有效的整合，以获得更好的营销效果。品效协同的核心理念是运用长线思维来衡量品牌广告和效果广告的价值，让两者各自发挥优势。要想实现品效协同，就要制定科学的方案，选择合适的投放渠道和内容，并进行数据监测和优化调整。品效协同的作用主要体现在以下两个方面。

（1）提升品牌知名度和影响力，提升用户对品牌的忠诚度

品牌方通过在抖音上投放品牌广告，可以提升品牌的曝光量和知名度，提升品牌在市场中的地位和影响力。品牌方可以与用户建立更紧密的联系，增强用户对品牌的认同感和忠诚度。

（2）优化广告效果，促进销售转化

品牌方通过在抖音上投放效果广告，可以引导用户进入品牌官方店铺或营销活动页面，让用户深入了解品牌产品，使其产生购买意愿，提高销售转化率。

在抖音上，实现品效协同的具体步骤如下。

第一步，明确营销目标。明确营销目标是实现品效协同的基础。品牌方应明确品牌要传递的核心信息、目标受众、营销渠道和预算等。

第二步，制定投放策略。根据营销目标制定科学的投放策略，确定广告的创意、形式、预算、投放渠道、投放时间和频率等。

第三步，制作高质量的广告内容。根据品牌特点和目标受众，制作有

吸引力、有针对性的广告内容，要注重创意和情感共鸣。

　　第四步，投放广告。根据投放策略，将广告投放到抖音及其他相关渠道上。

　　第五步，数据分析与优化。对投放数据进行实时监测和分析，及时调整优化广告内容和投放策略，提高广告效果和品牌价值。

　　抖音上品效协同的成功案例有很多。例如，某家电品牌曾在抖音上投放了一系列短视频广告，同时通过抖音电商销售产品。通过这些营销活动，品牌方不仅提高了该品牌的知名度，还让销售额实现了大幅增长。品牌方的具体做法如下。

　　（1）制作高质量的广告内容

　　品牌方制作了一系列极有创意和针对性强的短视频广告，通过幽默、温馨、感人等多种元素及方式展示产品特点和优势，吸引了大量用户。

　　（2）精准投放广告

　　品牌方通过抖音的推荐算法和定向投放功能，将广告精准地推送给目标用户，提高了广告的曝光量和点击率。

　　（3）通过抖音电商销售产品

　　品牌方在抖音上开设了官方旗舰店，在销售产品的同时展示品牌形象，实现了品效协同。

　　（4）数据分析与优化调整

　　品牌方对广告投放效果进行了实时监测和分析，及时调整优化广告内容和投放策略，提高了投放效果。

　　（5）综合评估效果

　　品牌方对营销活动的效果做了综合评估，实时跟踪销售额等指标的变化情况，尽可能优化品牌推广效果。

【案例】　新能源汽车品牌如何运营抖音账号

全球民众环保意识不断增强，政府对新能源汽车的发展提供有力的政策支持，新能源汽车的相关技术不断成熟，这使得新能源汽车的实用性得到了大幅提升，越来越多的消费者开始关注和选择新能源汽车。在这个大背景下，抖音成了新能源汽车推广的重要阵地之一。

众多新能源汽车品牌都在抖音上开设了账号，有些账号运营得很不错。简单归纳一下，新能源汽车品牌运营抖音账号的要点如图 9-8 所示。

图 9-8　新能源汽车品牌运营抖音账号的要点

1. 矩阵化运营

很多新能源汽车品牌都在抖音上开展矩阵化运营，账号矩阵包含总部号、区域号、门店号和 KOC[①] 号等。这些账号的定位和内容形式各有不同，覆盖了品牌、产品、用户需求等多个方面，形成了立体化的传播网络。

例如，比亚迪在抖音上的矩阵化运营就很成功，不仅开设了官方主账号，还针对不同产品线、不同市场、不同用户群体设置了很多其他账号。这些账号相互协同，共同传播比亚迪的品牌和产品信息。

2. 内容多样化

各新能源汽车品牌在抖音上发布的内容比较多样化，不仅包括产品介绍、品牌宣传等常规内容，还有创意短视频、挑战赛、互动游戏等，吸引

---

① 全称为 Key Opinion Consumer，意为关键意见消费者。

了大量用户。

例如，理想汽车通过短视频和直播深入介绍自家产品的亮点，如智能驾驶辅助系统、续航能力、舒适性等；同时结合不同使用场景，如家庭出行、长途旅行、城市通勤等，凸显主推车型的实用性和舒适性。

3. 用户互动

各新能源汽车品牌在抖音上积极与用户互动，通过回复评论、点赞、转发等方式，增强用户的参与感和黏性。同时，这些品牌还通过发起话题、挑战、线上活动等方式，引导用户分享和传播品牌信息，进一步扩大品牌影响力。

4. 合作与联动

各新能源汽车品牌在抖音上经常与其他品牌进行合作与联动，通过互相推广、点赞、评论等方式提高曝光量。一些新能源汽车品牌还与抖音官方开展合作，参与官方活动或挑战赛，以提升品牌的知名度和影响力。

例如，作为2024年欧洲足球锦标赛（简称"欧洲杯"）的官方出行合作伙伴，比亚迪在抖音上开展了一系列与欧洲杯相关的宣传活动。比亚迪官方抖音账号发布了多条与欧洲杯相关的短视频，如比亚迪新能源汽车作为官方用车亮相、球迷体验等。这些短视频不仅展现了比亚迪新能源汽车的魅力，也激发了球迷对欧洲杯的热情。

另外，比亚迪在抖音上发起了与欧洲杯相关的话题和挑战活动，例如，邀请用户分享自己与比亚迪新能源汽车一起观看欧洲杯的故事，或者预测比赛结果等。这些活动不仅促进了抖音用户与比亚迪品牌的互动，也提升了比亚迪品牌在抖音上的曝光度和影响力。

第 10 章

多元变现：
抖音账号的经济效益最大化

要实现抖音账号的经济效益最大化，就要综合运用多种变现方式，同时保持内容的质量和创新性。通过持续的努力和优化，我们有很大的机会在抖音上建立一个有稳定盈利的个人品牌或 IP。

10.1　流量变现：中视频伙伴计划

"中视频伙伴计划"是抖音发起的一项激励计划，旨在鼓励创作者创作高质量的中视频。加入该计划的创作者可以获得平台提供的流量支持和广告分成，还可以进行粉丝变现，具体如图 10-1 所示。

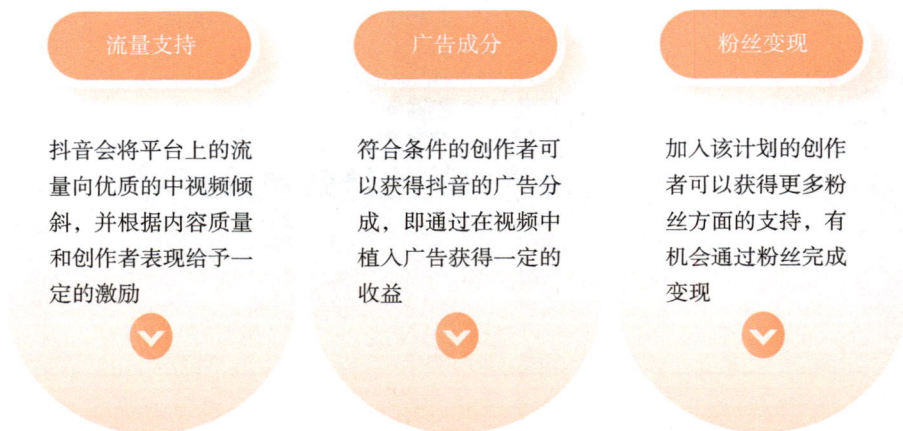

流量支持	广告成分	粉丝变现
抖音会将平台上的流量向优质的中视频倾斜，并根据内容质量和创作者表现给予一定的激励	符合条件的创作者可以获得抖音的广告分成，即通过在视频中植入广告获得一定的收益	加入该计划的创作者可以获得更多粉丝方面的支持，有机会通过粉丝完成变现

图 10-1　加入"中视频伙伴计划"可以获得的好处

要想加入"中视频伙伴计划"，创作者必须符合一定的条件，包括但不限于拥有一定数量的粉丝、视频质量达到一定的要求等。加入该计划的创作者只有按照平台的要求发布内容并保持一定的活跃度，才能获得收益。

总的来说，"中视频伙伴计划"是一项鼓励创作者创作优质内容并获得收益分成的计划，对拥有一定创作能力的创作者来说是一个很好的机会。

加入"中视频伙伴计划"的账号须满足以下条件。

- 在抖音上发布横屏且声明原创的视频，视频时长要大于或等于 1 分钟，而且要发布 3 条以上。
- 信用分符合要求，即不低于 60 分。
- 视频累计播放量超过 17 000。

需要注意的是，如果未通过审核，需要等待 30 天才能再次提交申请。此外，平台鼓励自主拍摄及创作的创作者加入该计划，不符合相关标准的账号无法加入该计划。

如果创作者希望加入"中视频伙伴计划"，可以按照以下步骤进行操作。

（1）打开抖音 App，进入"我"页面。

（2）点触右上角的菜单（三条短横线）图标，弹出菜单。

（3）点触"设置"选项，进入"设置"页面。

（4）点触"账号与安全"选项，进入"账号与安全"页面。

（5）点触"申请加入中视频伙伴计划"选项，根据提示填写相关信息并上传视频，审核通过后即可加入"中视频伙伴计划"。

10.2　打赏变现：抖音直播打赏的分成机制

直播打赏是指粉丝给主播刷礼物。大部分平台都有打赏分成机制，该机制可以调动主播的积极性。那么，抖音在这个方面是如何规划的？如何提升打赏变现的效果呢？

首先介绍一下抖音的直播打赏分成机制。目前，抖音上线的礼物种类还是比较丰富的。考虑到用户的消费能力，抖音设置的价格也比较合理，从最低的 1 抖币到几千抖币不等。抖币是抖音专属的虚拟货币，1 元可以换 10 个抖币。即便对学生群体来说，最低档的礼物基本上也不会对其造成经济压力。当然，抖音发布了未成年人保护条例，其中有一条就是青少年不能充值、打赏。

对已经工作、消费能力较强的用户来说，打赏并不会给他们带来很大的经济压力，他们会挑选价格可以接受的礼物，将其送给主播。这种行为可以给平台带来收益，而创造了这种收益的主播自然可以获得一定的分成。

与直播带货的分成相比,打赏分成的机制简单多了。平台与主播五五分成,这个分成比例还是比较公平的。当然,如果主播选择加入工会并与之签订合同,分成比例就要根据双方的协商结果确定。

直播打赏和直播带货虽然都能使主播获得一定的收益,但具体的操作方式并不相同。用户在直播间购买产品主要是出于对产品的需求,而打赏则是出于对主播的认可和喜爱。这其实有点像有些人只会为外卖付费,而有些人会顺手打赏骑手。对外卖骑手来说,获得打赏的难度肯定更高。

获得更多打赏的技巧如下。

1. 不要过于刻意

所有的主播都希望粉丝给自己打赏。主播当然可以开口要礼物,但一定要采用正确的方法,把握好度,过了头就容易引起用户的反感。

主播想要获得打赏是很正常的,但一定要好好揣摩用户的心理。无论用户是基于好奇、喜爱还是其他情感为主播送礼物,其本质上都是一种自发行为。主播可以用比较委婉的方式向粉丝要礼物,但不能强行索取。不重视直播内容,高频率催促粉丝或直接说"快给我刷礼物"之类的话,都是主播不应该做出的行为。

2. 输出优质内容

无论创作者是否打算把重心放到直播上,都要将眼光放长远一些,不能只依靠核心粉丝获得收入,还是要通过输出优质内容吸引更多的新粉丝,增强直播间的吸引力。这里说的优质内容其实并没有什么太高的门槛,例如,早早进入直播行业的冯提莫就用自己甜美的嗓音吸引了一大批忠实粉丝,其歌唱水平也在不断提升。

适合在直播间展示的才艺主要有唱歌、跳舞等,有一些创意十足的主播还会展示一些特殊才艺,但要注意别违反平台的规则。如果主播没有什么可供展示的才艺，也不想走这种路线，与粉丝聊聊天也可以，这种直播形式也是很常见的（见图 10-2）。

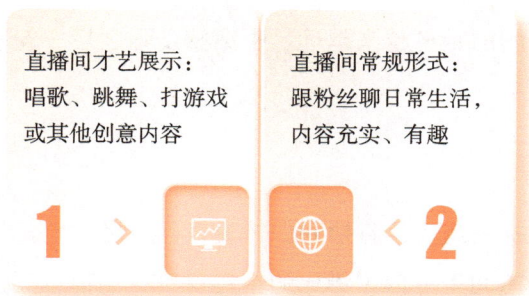

直播间才艺展示：
唱歌、跳舞、打游戏或其他创意内容

直播间常规形式：
跟粉丝聊日常生活，内容充实、有趣

图 10-2　主播输出的优质内容

直播时间不能太短，直播内容要尽可能充实。不要让直播间的粉丝感到乏味，他们只有在情绪受到感染的情况下才会愿意送礼物。

3. 给予打赏激励

如果用户送出价值较高的礼物却得不到任何回应，甚至连一句"谢谢"都听不到，那么他们有很大的概率不会继续送了。这倒不是说主播必须用多么感激的态度与送礼物的人互动，但也要做出适当的激励，还要让直播间里的其他粉丝明白，给主播送礼物的粉丝可以享受一定的特权。

在看到粉丝送礼物的时候，主播一定要有反应。常规的做法是念出粉丝的昵称并简单致谢，有时候这种做法会让其他粉丝心生羡慕。还有一些主播会直接设置奖励，例如，粉丝送的礼物达到一定的标准即可加入专属粉丝群，主播会不定时在群内分享一些专有信息、发放红包等。

4. 不能高高在上

有些主播的粉丝很多，粉丝刷礼物的热情也很高。久而久之，有些主播就会产生一种飘飘然的感觉，不再像过去那样平易近人。如果主播出现这种心态后没有立刻调整，很快就会尝到恶果。

刷礼物的粉丝看似是被动的一方，但主播如果失去这批粉丝，很快就会失去价值。所以，主播千万不能以高高在上的态度对待粉丝，否则只会让自己与粉丝之间的距离越来越远。距离感变强之后，粉丝送礼物的动力就会减弱。

5. 做好打赏引导

打赏引导是指主播要让直播间保持良好的氛围。粉丝送礼物对主播有好处，但如果直播间里形成了攀比的不良风气，主播也要及时出来控制一下。另外，虽然抖音出台了未成年人保护条例，但仍然有不少青少年会钻空子送主播礼物。这时，主播必须站出来阻止这种行为，维护平台的秩序，不能视而不见。

10.3 广告变现：达人进行广告变现的四种方法

广告变现也是一种比较常见的变现方式，当前也得到了抖音的支持。虽说抖音之前对广告的限制较严，但随着商业化进程的不断推进，抖音的相关规则也开始有所调整。广告变现不仅能给平台带来流量，还可以吸引更多品牌方的目光。不过，接广告做推广这件事也不是什么人都可以做好的。

品牌方在支付了一定的推广费用之后，必然希望得到相应的回报，如品牌知名度提升、产品销量增长等。因此，他们在选择合作对象的时候，通常会将目光投向有一定粉丝基础的达人。

某些独立发展的达人虽然懂得如何运营好一个账号，但对如何通过广告完成变现这件事却没什么头绪，常常会出现短视频播放量很高但转化率很低的情况，这是品牌方最不愿意看到的情况。为了让广告变现的效果变得更好，使合作双方都能从中获益，抖音达人要适当地运用一些技巧。

广告变现主要有两种形式：一种形式是由品牌方直接将广告成品发给达人，再由达人进行传播扩散；另一种形式是品牌方与达人沟通之后，由达人完成广告的创作。目前，后者在抖音上更常用，不过对达人来说难度也更高。

广告变现的四种方法如图10-3所示。

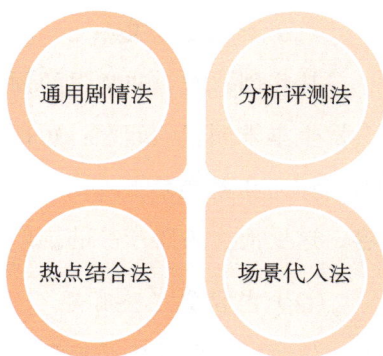

图 10-3　广告变现的四种方法

1. 通用剧情法

抖音之所以能够成为各大品牌开展营销推广活动的重要阵地，就是因为随着时代的变迁，传统的广告形式已经日益没落，带来的经济效益越来越不显著了。短视频很受主流消费人群的欢迎，而且与软广的匹配度非常高。在短视频中植入软广的做法不仅不会引起用户的抵触，如果创意非常出色，短视频还很容易获得大范围的传播。

例如，抖音达人"戏精牡丹"在接到推广任务后，就会将产品与剧情完美地融合起来，用户往往在看到产品的一瞬间才发现原来这是一个广告，但又不会觉得很突兀。

创作能力比较强的运营团队最好将通用剧情法作为首选，但要注意图10-4所示的事项。

1 避免过于复杂

2 内容要完整有趣

3 体现产品优势

图 10-4　运用通用剧情法时的注意事项

（1）避免过于复杂

某些创作能力非常强的创作者虽然可以创作出吸引人的剧情，但常常会发生本末倒置的问题：短视频的剧情非常出色，甚至可以与某些电影相比，用户虽然能看出创作者在剧情方面的用心，却很难消化、理解其内容，这反而会阻碍产品的推广。

（2）内容要完整有趣

抖音的主要特色是新潮、有趣，过于平淡、俗套的剧情很难引起用户的兴趣。创作者在创作的时候既要保证内容简洁易懂，又要提升内容的趣味性。此外，即便不采用15秒的短视频形式，视频的时长也受到一定的限制，所以一定要注意内容的完整性。

（3）体现产品优势

作为合格的推广者，必须借助剧情让产品的植入显得更加自然，但这并不意味着削弱产品的存在感。如果看不到产品的核心卖点，用户最多只是笑一笑、点个赞就会离开，而不会购买产品。

2. 分析评测法

分析评测法是近年来比较受欢迎的产品推广方法之一。其中，手机、化妆品等产品使用这种推广方法的频率较高。这种方法比较适用于直播，因为短视频受到时长的限制。创作者虽然可以将直播的精彩片段剪辑成短视频，但毕竟内容不够完整。

分析评测法运用起来没那么简单，如果只是将产品全方位地展示一下，再照着官方通稿念几句话，品牌方就不需要花费精力去寻找合适的达人了。

达人当然可以参考品牌方提供的产品简介，但不能完全照搬、没有一点自己的见解。还有一些达人喜欢用对比法来烘托产品的优点，不过最好不要明确指出对比的品牌，否则很容易造成不必要的麻烦。

3. 热点结合法

所有达人对蹭热点这件事应该都不陌生。将推广内容与热点内容结合起来创作短视频也是推广产品的有效方法之一。有一段时间，很多学生都在上网课，三只松鼠抓住这个热点迅速创作了一条与网课有关的短视频，这条短视频很快就火了起来。其运营团队还十分关注微博的热搜榜，有什么合适的热门话题都会想办法蹭一下。

不过，在寻找热点的时候，达人也要注意对热点进行筛选，那些与品牌方有利益冲突的热点是一定不能选用的。

4. 场景代入法

场景代入法在某种程度上与通用剧情法很相似，不过它更注重生活化的剧情及情感、观点的传达。运用这种方法时，成功的关键在于引发用户的情感共鸣。为什么 2019 年的贺岁短片《啥是佩奇》能够在朋友圈刷屏？这部短片的剧情并不复杂，也没有什么特别大的创新之处，打动观众的恰恰就是爷爷疼爱孙子这种朴实的情感。

在这个快节奏的时代，人们的内心非常渴求温暖。达人要认清这一点，把握好目标用户的特征与需求，从心理、精神层面着手创作短视频。作品越贴近人们的生活，越能击中其内心的柔软之处，越容易实现推广的目的。

10.4　课程变现：哪些课程在抖音上更好卖

此前，抖音上教育科普类的短视频也不少，但教育算不上热门领域。随着知识付费潮流的兴起，越来越多的人通过输出优质内容获得了丰厚的回报。例如，樊登读书、艾麦思数学等知识类蓝 V 账号都及时地抓住了抖音功能更新带来的新商机。

通过抖音制定的课程售卖规则，我们可以看出其运营团队很支持教育板块的发展，也希望借助课程销售获得回报。不过，为了激励创作者，抖音拿走的只是一小部分收益，更高比例的收益都分给了创作者。

这种极具诱惑力的分成模式确实吸引了许多创作者，但课程变现不是人人都能轻而易举采到的果实。不同课程的变现潜力不同，就像带货主播需要好好选品一样，创作者在做课程变现规划的时候，也要先调查哪类课程在抖音上更受欢迎、销量更高（见图 10-5）。

图 10-5　抖音上较受欢迎的课程类型

1. 教育类课程

教育类课程主要包括初高中的基本课程与大学的一些专业课程，主要受众是学生群体。很多学生都可以在抖音上找到适合自己的课程。当然，也有一部分用户只是对教育类课程比较感兴趣，想要通过学习这些课程提升自己的知识水平。

虽说教育类课程看上去比较中规中矩，但其商业潜力很大，原因有两个方面：一是受众广泛，而且用户需求十分强烈；二是优势明显，传统的课堂教学虽然无法被彻底取代，但网络授课的形式越来越受到人们的欢迎。

2. 游戏类课程

创作者不能以陈旧的思维看待课程，传统的课程是比较严肃的，但抖音上的课程大多是新颖有趣的。在抖音上，游戏领域原本就很火热，聚集了大量的游戏爱好者。其中很多人都希望通过轻松有趣的方式学习一些游戏知识和操作技巧，尤其是游戏新手。

抖音上的热门游戏主要有《王者荣耀》《英雄联盟》《绝地求生》等，这些游戏热度很高，玩家规模、游戏知识需求量也很大，所以相关的游戏类课程的销量非常可观。不过，游戏类课程的定价普遍不是很高，从几元到几十元不等，一般不会超出这个区间太多。

3. 亲子类课程

亲子类课程的变现潜力很大，因为抖音上不乏刚成立家庭或初为人父母的用户。这类用户的年龄一般不是很大，而且思想比较开放。他们十分重视婴幼儿的教育，而且往往非常信任专家的建议。

亲子类课程有许多细分类别可供用户挑选，如学龄前儿童的益智启蒙、婴幼儿的营养搭配、幼儿情商培养等。这些课程的内容比较实用，非常容易受到父母的欢迎，创作者不需要做很多营销推广工作，只要把课程内容做扎实，就可以获得大量的付费用户。

4. 技能类课程

技能类课程涉及的内容十分丰富，你能想到的基本上都可以在抖音上找到（见图 10-6），还有许多内容

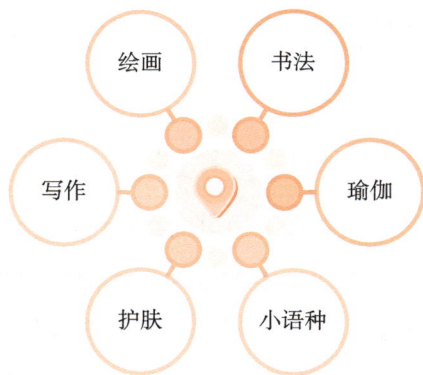

图 10-6　抖音上常见的技能类课程

是普通人根本想象不到的。比较常见的技能类课程有绘画、书法、写作课程等。这些课程的受众很广，而且门槛不高，各个年龄层、不同性别的用户都可以学习。

抖音上的技能类课程有不同的定位，既有零基础课程，也有专业能力提升课程，不同的课程可以满足各类用户的需求。此外，还有一些比较特别的技能类课程，如泰拳、特效制作课程等。有许多用户此前对这些领域的了解不多，但在抖音上看到课程介绍后对其产生了兴趣。

5. 情感类课程

情感类课程不等于心灵鸡汤，那些优质的情感类课程对现实生活还是很有帮助的。例如，以职场社交、恋人或夫妻关系等为主题的课程所传授的内容完全可以在生活中应用、实践。

不过，与上述几类课程相比，情感类课程"掺水"的概率更高一些。有一些情感类课程的制作水平不高、价值也不高，用户要注意筛选。

对情感类课程感兴趣的用户往往更容易发生冲动消费，这也是部分创作者不用心打磨课程内容、把更多时间和精力花在营销推广上的原因之一。但是，以这样的态度做运营是不可能获得长远发展的，持续输出价值不高的课程必然会造成口碑下降、粉丝流失。打算通过情感类课程完成变现的创作者还是要把工作重心放到提高课程质量上面。

10.5 电商变现：做好选品，带货效果才会好

在抖音上做电商目前已经成了许多人的致富之道，其中有一部分人甚至放弃了原本的工作，专门跨领域去做抖音电商。这听上去似乎很疯狂，但事实证明，抖音电商的变现效率的确非常高，主要是因为赶上了风口。不过，时代机遇最多只能在运营者背后推上一把，要想成就一番事业，还

是要靠自身的努力。

　　只有产品销售出去，运营者才能获得收益。因此，运营者要思考一个非常关键的问题：什么样的产品更受用户的欢迎？

　　抖音电商选品的注意事项如图 10-7 所示。

图 10-7　抖音电商选品的注意事项

1. 不要随波逐流

　　缺乏选品经验的电商新手对那些打造出爆款产品的抖音账号会有强烈的信任感，常常将爆款作为选品的标准。从总体上来说，将目光放在爆款产品上也没有什么太大的问题，毕竟这些产品有独特之处，电商新手的确可以从中获得一些有价值的信息。例如，爆款产品的核心卖点是什么、具备哪些独特之处、与竞品相比有哪些优势等信息能够帮助电商新手制定初期的选品规划，确定大致的选品范围。

　　但是，在抖音上做电商不能完全跟着爆款的方向走。市场非常容易出现变化，没有人敢肯定地说销售某款热门产品就可以稳赚不赔。运营者要考虑那些热门产品是否适合自己销售，而不能毫无主见、只是机械地跟随当时的潮流去选品。

2. 明确用户需求

用户的需求越强烈，产品的销量往往就越高，运营者从销售中获得的收益也就越多。对电商新手来说，某些热门领域虽然竞争激烈，但用户需求非常强烈，在这些领域中找到细分市场是十分正确的选择。

即便是小众市场，也并非毫无机会。有些小众市场虽然用户规模比较小，但用户的需求与消费欲望都很强烈，可以试着开发一下。如果某个细分市场的用户规模与需求强烈程度都不达标，电商新手最好就先不要考虑了，在这类市场中选品会有较大的风险，打造出爆款的概率也比较低。

归根结底，运营者必须将用户需求放在核心位置，在正式做出选品决定之前，一定要问自己几个问题：该产品是否能击中用户的痛点？该产品能帮助用户解决什么问题？用户需求是否强烈？这些都是最基本的问题。产品只有满足这些基本条件，才可以放到候选品的列表中。

3. 具备发展空间

这里说的产品发展空间主要包括两个方面：一方面，产品的生命周期要长，虽然爆款产品的更新换代速度很快，但也不能昙花一现；另一方面，产品的改造空间要大，包括外形、功能、材质等。对电商而言，产品的改造空间越大，产品的价值就越高（见图10-8）。在选品时，不要选择那些很容易就被替代的产品，否则运营风险会大大增加。

产品的生命周期　　产品的改造空间

图 10-8　产品发展空间的两个方面

4. 评估运营难度

运营难度越高的产品，对新手来说越不友好。那么，哪些因素会增加运营难度呢？

首先，易碎品或生鲜产品在运输途中的稳定性较难保证，如果没有可靠的供应链，那么运营者很有可能会在短暂的销量上升后收到无数的差评。其次，售后是一个很重要的环节，售后负担过重也会增加运营难度。

另外，刚刚起步的新手就不要尝试多产品协同运营这种模式了，这种模式会给运营者带来巨大的压力。如果团队人手不足，就难以维持正常的运营。

完成选品之后，许多运营者还会发现这样一个问题：明明自己选出来的产品与某些店铺差不多，但购买者却寥寥无几，而相似店铺的销售却格外火爆，这是为什么呢？主要原因是运营者没能充分挖掘用户的痛点，用户在没有受到触动的情况下自然不会产生购买的意愿。

抖音上的购物环境正在日益成熟，运营者既可以使用其他平台的商品链接，也可以直接在产品橱窗中对商品进行管理。不要忽视封面图与详情页的作用，前者相当于大门，后者相当于门后的房间，如果不能充分发挥它们的作用，转化变现就会变得难上加难。

【案例】 酒店的抖音电商生意经

如何在激烈的市场竞争中脱颖而出，吸引更多的顾客，提高出租率，是每一家酒店的经营者都要思考的问题。而抖音这个拥有上亿日活用户的短视频平台，为酒店营销提供了新的可能性。

湖北某火车站附近的某酒店就是一个典型的例子。作为一家新店，该酒店面临出租率低、预算有限、缺乏运营经验的三重困境，但酒店经营者最终通过抖音做了一次成功的营销推广。

该酒店制作了一条时长为 5 秒的短视频，虽然时长很短，但这条短视频充分展示了酒店的环境。这条短视频的制作成本很低，拍摄仅花了几分钟的时间，剪辑也只花了几分钟的时间，但在抖音上的播放量达到了 17 万次。这是因为该酒店充分利用了抖音的推荐机制，通过提高短视频的完播率，成功地将短视频送入了更大的流量池。

完播率是抖音评判内容质量的重要指标之一，它是指完整播放次数占全部播放次数的比例。绝大部分抖音用户倾向于观看简短、有趣、有用的短视频。该酒店制作的短视频时长只有 5 秒，符合大部分抖音用户的观看习惯，从而提高了这条短视频的完播率。当完播率达到一定水平时，抖音就会认为这是一条高质量的短视频，并把它推荐给更多的用户。

当然，吸引流量只是第一步，将这些流量转化为实实在在的订单才是最终目的。为了实现这个目标，该酒店巧妙地设计了"1 元房型升级券"。用户只需支付 1 元，就能享受价值高达几百元的房型升级服务。这无疑是一个极具吸引力的优惠活动，它大大地降低了用户的购买门槛，激发了用户的消费意愿。

在这个低价策略的背后，其实是该酒店对边际成本的精准把控。边际成本是指每一单位新生产的产品（或购买的产品）所带来的成本增量。对酒店来说，房型升级券的边际成本非常低，它并不会增加酒店的固定成本，只是对现有资源进行更合理的分配。因此，即使以 1 元的价格出售房型升级券，该酒店也能在保证利润的同时吸引大量的用户下单。

该酒店的成功并非偶然，其经营者对抖音特性、用户习惯及自身产品和服务有深入的理解。他们知道，抖音是一个以短视频为主要内容的平台，用户刷抖音主要是为了娱乐休闲。因此，他们制作简短、有用的短视频来吸引用户的关注。同时，他们也知道，用户在抖音上购买产品和服务的意愿相对较弱，因此他们设计了价格极低、吸引力很强的"1 元房型升级券"来激发用户的购买意愿。

　　该酒店的营销思路和方法值得同行借鉴。首先，出租率低的酒店更适合在抖音上进行营销。这是因为抖音可以为酒店提供低成本的流量，帮助酒店快速提高出租率。其次，制作短视频时可以通过模仿等方式降低试错成本，也就是模仿同类的高赞短视频创作内容，这能让制作出来的短视频更容易获得目标用户的喜爱。最后，在选择主推产品时，应该以边际成本低、销售价格低为原则，这样就能吸引更多的用户下单，提升转化率。

　　当然，尽管该酒店取得了成功，但这并不意味着其他酒店都能通过抖音获得成功。每家酒店的情况都有所不同，酒店经营者要根据自身的实际情况和市场环境来制定适当的营销策略。同时，酒店经营者要不断地学习和尝试新的营销思路和方法，以适应不断变化的市场环境。

　　总的来说，抖音为酒店营销提供了新的机遇。对那些敢于尝试、勇于创新的酒店经营者来说，抖音是一个值得投入的平台。对那些还在考虑是否要尝试抖音营销的酒店经营者来说，上面介绍的这个案例是一个很好的启示。只要酒店经营者充分理解抖音平台的特性和抖音用户的习惯，运用适当的营销策略，就有可能通过短视频实现营销推广的目标，推动酒店经营业绩的提升。